RENOUER AVEC LA FRANCE DES LUMIÈRES

STÉPHANE LE FOLL

RENOUER AVEC LA FRANCE DES LUMIÈRES

CALMANN LEVY

CALMANN LÉVY

Couverture
Maquette : Olo.éditions
Photographie : © Bruno Lévy

ISBN : 978-2-7021-8451-6

« Quelle hâte invisible pour nous,
cette course des blés vers le soleil ! »

Antoine DE SAINT-EXUPÉRY,
Courrier Sud

Avant-propos

La plume d'Antoine de Saint-Exupéry nous a toujours donné envie de voyager, de voler et de rêver bien sûr, mais aussi de nous ouvrir au monde et de nous « hâter vers le soleil ». L'avenir de la France doit s'écrire dans cet esprit d'ouverture, d'ambition, et la gauche doit y jouer sa partition. La situation actuelle n'est plus acceptable et si nous voulons éviter le pire à la présidentielle, alors il nous faut, ensemble, nous « hâter vers le progrès ». La France est un arbre qui a des racines partout dans le monde. Elle grandit quand elle cherche la lumière. C'est ce que je veux dire à nos concitoyens en cette période difficile.

Il est nécessaire que la social-écologie et le progrès soient au cœur du débat politique entre l'ensemble des forces, des femmes et des hommes qui partagent une ambition pour la France et l'Europe. Nous devons construire un projet commun plutôt que de nous complaire dans de fausses alliances et répéter, comme depuis des années, les mêmes gammes politiques qui sont aujourd'hui usées, qui ne correspondent plus aux attentes de nos concitoyens et ne répondent pas aux défis auxquels nous sommes confrontés.

En cette année anniversaire de la présidence de François Mitterrand et du congrès d'Épinay, je regarde le parcours de cet homme, son ancrage dans le Morvan. Assis à Solutré, il désignait cette terre d'un vaste mouvement de canne, embrassant ainsi toute la France, confiant en sa capacité à comprendre son pays et à lui construire un avenir dans le progrès. C'est le message que je retiendrai pour la gauche : connaître et comprendre les Français, leurs attentes, et trouver un chemin dans le respect et la clarté.

Chacun porte en soi une partie de l'histoire de France avec ses territoires, ses singularités, ses invariants et ses rêves.

Mon histoire est intrinsèquement liée à la Bretagne et à la Sarthe. Je suis un enfant de Longnes, petit village sarthois établi au pied d'une église du XIIe siècle, dont le clocher semble soutenu par les maisonnettes coincées les unes à côté des autres. Mon père en était l'instituteur et le secrétaire de mairie. Issu de la grande cohorte des hussards en blouse grise de la République, il enseignait dans une classe unique (dans tous les sens du terme) avec des vieilles tables en bois, des balances Roberval, un poêle à bois, un bûcher, des craies et des tableaux vert pomme. La cour était petite et son grand tilleul trônait, et trône encore, tel un seigneur embaumant l'air d'une odeur sucrée au printemps. Le matin et le midi, les enfants des fermes des alentours venaient à pied, repartaient après une partie de foot, de jeux de marelle, de billes ou d'osselets. Ils restaient parfois le soir, lorsque ma mère donnait aux filles des cours de couture. J'ai connu la France rurale du Grand Ouest entre la Sarthe et la Bretagne. À Saint-Trimoël, dans les Côtes-d'Armor, mes grands-parents maternels avaient une ferme de cinq hectares et, du côté de mon père, dans le fond des monts d'Arrée en Berrien, la ferme et la terre bretonnante des Le Foll comptaient moins de dix hectares. Le XXe siècle y était d'abord arrivé sur la pointe des pieds, comme par peur de déranger, avant de déferler dans les années 1970. Cette France du monde d'avant s'est alors effacée devant la modernité galopante des Trente Glorieuses.

Après la folle embardée de cette période de prospérité où tout semblait possible, le premier choc pétrolier, et le second pour enfoncer le clou, sont venus rappeler à l'Occident et à la France que, non, tout n'était pas possible. La croissance a baissé nettement, le chômage et les grandes restructurations industrielles ont débuté, le doute s'est installé profondément dans les esprits, les structures et les organisations collectives ont pour la plupart périclité. Dans les campagnes, le curé, l'instituteur, le docteur, le paysan et le gendarme, avec l'estafette et sa grande antenne de libellule, n'ont pas conservé le rôle qu'ils avaient. Le plus souvent ils ont même disparu avec l'exode rural, entraînant la fermeture des écoles, des églises, des cabinets médicaux.

Les grandes régions industrielles, elles aussi, ont connu cet immense chambardement. Avec la croissance de l'après-guerre, les migrants, accueillis plus ou moins bien, sont venus prêter main-forte à l'Europe et au monde entier pour produire le fer et le charbon de France. Dans les usines fumantes, les cohortes d'ouvriers, comme l'a si bien raconté Pierre Mauroy, entraient avec l'espoir de progresser, puis sortaient, en particulier de la mine, éreintés le soir pour mieux revendiquer, portés par des idéologies de progrès, encadrés par des syndicats luttant pour améliorer les conditions de travail. La France a grandi en même temps qu'elle rétrécissait en perdant au loin ses colonies, dans des guerres meurtrières et inutiles. Les villes, les grandes, les plus petites, partout ou presque, ont grandi elles aussi. Et on a même été jusqu'à construire de toutes pièces des villes nouvelles, avec des barres et des appartements modernes qui deviendront, après avoir été conçues comme des « cités radieuses », les banlieues d'aujourd'hui.

Le chômage s'est installé durablement, il a gangrené, petit à petit, génération après génération, des familles entières souvent aux mêmes endroits, dans les mêmes territoires et a semé le doute, a éclaté les vieilles structures. Le secteur primaire s'est effacé au profit d'une économie de services plus impersonnelle et moins structurante. Ce grand changement a toutefois ouvert notre pays au monde, pour toute une population assurée et bien dans sa peau, numérisée, passionnée par l'avenir de la planète et sa propre réussite dans une Europe de la paix. Europe souvent contestée mais pourtant essentielle après deux guerres mondiales où se sont affrontées, depuis la Révolution française et bien avant, la France et l'Allemagne, sous le regard vigilant de la Grande-Bretagne, l'île soucieuse de l'équilibre de ce continent dont elle a souhaité à nouveau se séparer.

Je connais cette France rurale d'avant et celle d'aujourd'hui, mais aussi ce monde plus urbain, ce monde des petites villes et ce monde qui change. Aujourd'hui maire-président de Le Mans Métropole, je mesure chaque jour le fossé qui sépare un certain nombre de Français du monde politique, et de la gauche en particulier. Quels que fussent mes mandats et mes responsabilités, élu de mon village, député européen, député ou ministre, j'ai toujours été ancré en Sarthe et en Bretagne. Tous mes mandats, surtout l'expérience de ministre et pendant trois ans et demi celle de porte-parole du gouvernement, m'ont aussi permis de comprendre ce qu'est le sens de la responsabilité, c'est-à-dire ce qui se situe quelque part entre la volonté de faire et celle de subir, entre l'idéal et le réel. Ce sont mes boussoles à moi. Une vie proche de celles et ceux que je représente, une idée du progrès et une volonté de faire sans accepter de subir mais en écoutant et en prenant du temps pour comprendre. C'est ce que la gauche doit retrouver, ce lien avec les Français, la notion de temps pour construire un projet commun. Car, à la veille de l'élection présidentielle, la gauche à laquelle j'appartiens souffre et doit retrouver sa boussole si elle ne veut pas disparaître.

Introduction

UNE GAUCHE A PERDU LA BOUSSOLE DU PROGRÈS

Les dernières élections ont sonné le glas d'une gauche unie, sans réel projet commun, et tout a reposé sur les sortants socialistes comme aux municipales. Malgré la multitude d'appels à se rassembler, elle a fini divisée, laissant la voie libre à la droitisation du pays, à une future bipolarisation du débat présidentiel, avec un Rassemblement national fort et une République en marche qui a redressé sa situation après des municipales calamiteuses. Qu'est-ce qui explique une telle situation, si ce n'est la confusion et l'inadaptation de l'offre politique proposée par la gauche dans un contexte rendu plus difficile par la crise sanitaire ?

À l'occasion de l'anniversaire du 10 mai 1981, le Parti socialiste s'est effacé. Je ne m'y résous pas. Je cherche dans cet essai des causes et des explications à cet échec pour tenter d'offrir un nouvel espoir. Socialiste de cœur et de raison, je pense que les Français peuvent être durs dans leurs jugements, mais justes si l'on prend le temps de s'expliquer.

Malheureusement, dans cette période où ils ont subi les affres de la pandémie, les difficultés du quotidien, pour certains de nos concitoyens, s'accumulent depuis longtemps. L'expérience d'Emmanuel Macron depuis quatre ans pèse, mais la donne politique a bougé. La société aussi.

Dans cette France d'aujourd'hui où la violence s'accroît et où chaque individu se projette ou s'interroge sur son propre destin, il me semble que le pays de l'existentialisme est devenu, insensiblement et pour une partie, celui de l'essentialisme. En effet parmi les causes de lutte, dans ce monde connecté d'aujourd'hui, on cloisonne les problèmes sans prendre en compte les interactions, les imbrications au sein de ce que l'on doit appeler un néopopulisme. Cette manière d'appréhender l'histoire est inhérente à la droite, et surtout à l'extrême droite, ce qui explique sûrement que ces idées se répandent dans la vie politique en France, avec un pessimisme et un rejet des institutions sans équivalent en Europe. Mais, plus inquiétant encore, la gauche française subit cette perte de repères liée à une société qui a bougé très vite, et pour certains trop vite. Cette gauche qui devrait comme toujours rattacher les choses, créer du mouvement et parler de progrès, est tombée dans le panneau de l'identitaire, du souverainisme, du

« dégagisme », du pessimisme, avec un néomalthusianisme qui accompagne une écologie comportementaliste. Ainsi, face à l'éclatement social, la recherche des causes de discrimination ou d'humiliation s'ajoute pour porter non pas une idée du progrès ou la défense de valeurs universelles, mais des idées de lutte dans une réinterprétation anglo-saxonne de la déconstruction française des enjeux et des discriminations sociales des couches populaires. La gauche française a perdu son âme dans ses batailles intestines et trouve, pour la gauche de la gauche et certains écologistes (à la différence des Grünen en Allemagne), un sens à vouloir faire disparaître la social-démocratie. C'est même pour certains la lutte finale. Mais en lâchant l'universalisme et l'idée de progrès, toute cette gauche qui vocifère, qui trépigne en regardant les sondages qui donnent un deuxième tour Le Pen-Macron n'a pas compris qu'elle se perdait aux yeux de ceux-là mêmes qu'elle voudrait représenter.

Il existe ainsi une logique identitaire, victimaire, qui ne peut que conduire à entretenir les ressentiments individuels. La faute est toujours de la responsabilité des autres, du système, dans un champ psychologique et idéologique qui devient celui de « l'irréconciliable ». Quand l'histoire et le passé sont invoqués pour justifier les inégalités du présent, il n'y a plus d'espace pour la mémoire conciliatrice. Il n'y a plus que des assignations identitaires essentialistes. Je propose d'abord et au contraire de soutenir et de porter la ligne de tous ceux qui, comme Pierre Nora, ont souhaité la conciliation des mémoires, d'encourager un travail d'explication afin de reconnaître nos fautes pour mieux les dépasser et continuer à vivre dans nos diversités en s'acceptant. Les duels identitaires sont des duels perdus d'avance, ils ne peuvent se terminer que dans l'affrontement et la haine. Cela ne doit pas et ne peut pas être la gauche.

Car dans le contexte de doute et de brouillard qui est le nôtre, nous voilà également renvoyés à notre sort d'homme sur Terre, qui conduit certains à basculer, comme l'avait prédit André Malraux, dans un XXIe siècle religieux, ou plutôt spirituel, avec – l'histoire nous l'a pourtant souvent rappelé – le risque des violences, des incompréhensions et des dogmes qui s'affrontent sans compromis possibles. Le terrorisme en est l'expression ultime, qui mélange la haine et la vengeance dans le passage à l'acte le plus barbare, comme si tuer ne suffisait même plus. Depuis plus de vingt ans, les attentats nous poussent, nous les démocrates et républicains, à réaffirmer et à défendre les valeurs qui fondent notre République : la laïcité, la liberté de conscience, d'expression, d'entreprendre, l'égalité des hommes et des femmes, la fraternité et le respect pour les conditions du vivre-ensemble.

D'autres en revanche vont jusqu'à penser la vie dans le vivant unifié, à envisager la singularité de chaque être, animal ou humain, indifféremment. Tout conduit alors à des comportements très marqués et tranchés. Cette conception d'une écologie moralisatrice de sobriété réparatrice entraîne des interdits pour corriger les dégâts de l'humanité sur la planète et la nature. Aux humains de ne plus manger de la viande, certains adoptant même le véganisme pour se priver de toute chose d'origine animale. Il me semble découvrir là une forme de transfert de l'individualisme moderne sur le monde vivant, le destin de chaque être ayant autant d'importance que le destin d'une espèce dans une noyade et un effacement de sa propre responsabilité dans le sort de l'humanité. Aujourd'hui, l'individualisme, dans sa sécurité fragile, s'invente un monde sans progrès qui conduit à ce que l'humanisme s'échappe, dilué dans le vivant comme l'eau dans le sable. De même la perte des valeurs universelles tourne le dos à l'existentialisme de l'après-guerre. L'homme et la femme seuls n'ont pourtant aucun avenir dans la nature qu'il et elle idéalisent, « émotionalisent », alors qu'au fond, et c'est le paradoxe du monde moderne, pour beaucoup ils n'en ont jamais été aussi éloignés, préservés de sa dureté dans notre société technologique et sophistiquée. Il faut se méfier de ce regard « radicalement tendre », car s'il devenait un projet politique majoritaire, il ne pourrait pas conduire à changer le monde mais au contraire à l'abandonner.

La gauche a perdu sa boussole et son cap dans l'indéfinité ; parfois même elle s'enfonce dans la confusion, tourne le dos à ses valeurs fondatrices : l'émancipation, l'internationalisme, la tolérance, la raison.

Plus globalement, la politique est happée par le court terme, par le quotidien avec son lot d'artifices et d'échappatoires dans une lutte politicienne où tout se vaut. De là est né l'éloge de la participation citoyenne, des plateformes numériques, des conventions citoyennes censées dire la vérité, des recours juridiques pour trancher les questions politiques, des changements de constitution pour justifier les engagements des uns et des autres. Il n'y a plus de voix que l'on écoute, tout le monde a un avis tranché sur tout, et surtout on veut trancher les questions sans aucune nuance, enfermé dans sa petite volonté de victoire. Nous sommes dans ce moment névrotique de défiance profonde, de pessimisme. Certains sont à la recherche permanente de coupables prêts à remettre en cause la démocratie représentative et toutes ses institutions – police, justice –, même les généraux s'y mettent. La démocratie se trouve contestée, diluée, affaiblie ; les hommes et les femmes politiques sont renvoyés à toutes les turpitudes de certains dans un « tous pourris » qui porte en lui un paradoxe fondamental. Comme chaque fois dans l'histoire, cela peut mal se terminer, ce n'est pas la liberté qui gagne, mais des formes nouvelles de manipulation, de morale totalitaire en quête d'absolu inutile et néfaste.

Pourtant chacun le sait, il y a un besoin de clarté, d'engagements sincères et de débats. Rien ne devrait masquer la force de la conviction et des projets. C'est par la sincérité, vertu des vertus, qu'on peut entraîner plus loin, choisir un idéal, tracer un chemin original. Se cacher derrière la participation citoyenne, comme aujourd'hui pour exister, c'est cacher quelque chose.

En tout cas, cette manière de faire fait florès. Le Rassemblement national vient d'ouvrir son propre site participatif ; à gauche toutes les campagnes commencent par une mise en mouvement des citoyens pour mieux effacer les étiquettes et cacher les décisions difficiles. Ainsi le Printemps marseillais fut un formidable mouvement citoyen avant de dire, une fois l'élection gagnée, qui serait le maire de Marseille. Audrey Pulvar avec « Île-de-France en commun » a lancé un mouvement participatif avant de décider toute seule de rendre gratuits les transports franciliens. Jean-Luc Mélenchon, en convoquant son peuple avec ses 150 000 citoyens, ouvre sa campagne qui, sans eux, n'aurait jamais pu commencer ; même Emmanuel Macron y avait eu recours dans son lancement de campagne avant de devenir jupitérien. La liste est longue et ne fait que confirmer cette tendance au « floutage », au masque participatif et citoyen pour cacher la vérité des choix difficiles. On efface les clivages qu'il faudrait assumer, on tente de les assimiler dans un « *en même temps* » que copient sous le rassemblement tous ceux qui veulent cacher des choses.

Je préfère la vieille méthode plus claire et moins tordue : connaître, écouter, comprendre et ensuite proposer sans tromper, avec sincérité.

La crise sanitaire est venue ajouter un doute de plus, des inquiétudes supplémentaires avec ses milliers de décès, les hôpitaux surchargés, les citoyens masqués… Mais les vaccins ont enfin levé le voile de la maladie. Cette crise aura ainsi vu réémerger la science dans ce qu'elle a de plus laid d'un côté, avec des controverses stériles au début de la pandémie (je pense à ce débat sur l'hydroxychloroquine), et de plus prometteur avec la naissance de vaccins en une année à peine. Ce fut une victoire du progrès scientifique. L'ARN messager a eu l'effet d'un envoyé de l'esprit et de l'intelligence ; il a été la révélation de cette année 2020, qui a pu éveiller chez les sceptiques, antivaccins, antiprogrès baignant dans le doute, un peu d'envie et de raison, de confiance collective et de réconfort grâce à une piqûre administrée pour stimuler notre système immunitaire. Puisse-t-elle faire office de rappel pour considérer que le progrès est bien présent, la science utile à tous, la raison et l'intelligence aussi fortes que l'émotion.

Cette crise sanitaire, on le sait, aura aussi des conséquences sur l'économie avec une accélération de mutations profondes existantes. L'aéronautique, les centres aéroportuaires, l'automobile, le tourisme, l'énergie connaissaient déjà des transformations importantes et la brutale glissade qui va conduire à des pertes financières et d'emplois nous oblige dès aujourd'hui à agir et à investir pour corriger les choses. Il est inquiétant de penser à tous ces postes dépendant de l'activité des aéroports dans des quartiers où elle est un gisement d'emplois essentiels. Cette situation est une menace atomique pour la vie de la périphérie de Paris et de toute sa banlieue. Les jeux de 2024 doivent être pensés avec des embauches en masse, dès maintenant, pour éviter une catastrophe.

Parallèlement, c'est indéniable, d'autres secteurs, d'autres entreprises ont vu leur place s'affermir, voire se développer de manière spectaculaire. C'est le cas bien sûr du numérique sous toutes ses formes avec des géants qui captent une nouvelle clientèle. Ces nouveaux modes d'achat ont des effets positifs certes, mais aussi possiblement délétères avec des risques d'enfermement, d'anonymat au sein des vastes réseaux sociaux.

Ces géants du numérique américains sont devenus des monopoles sans précédent dans le capitalisme. Face à cela, il faut créer des concurrences nouvelles, ne pas laisser dans les mains de quelques-uns des pouvoirs qui dépassent leur justification économique. Il faut créer surtout de nouvelles filières et de nouveaux emplois dans des secteurs qui connaissent un réel appel d'air : la contre-intox, la régulation de réseaux, mais aussi dans la relation interpersonnelle avec les services à la personne, la santé, la culture sous toutes ses formes, les énergies renouvelables, les entreprises et industries innovantes, les circuits courts de production comme de commercialisation.

Au milieu de cette tendance, il faut retrouver un lien, chercher la lumière pour tout le monde. C'est bien le problème, car le progrès n'est plus un concept unifiant ni même une idée d'avenir ; certains s'en méfient, s'en détournent pour s'inventer des mondes d'avant ou s'enfermer dans un conservatisme de confort, dans un « après moi, le déluge » insupportable pour tout humaniste. Sur un air de « c'était mieux avant » s'organise un retour au souverainisme, au localisme et pour beaucoup au nationalisme. Cela partage nos sociétés démocratiques, taraude le débat politique partout dans le monde. En France où tout est toujours à construire, à refaire ou plus encore à défendre, ce pays a toujours été, comme l'a écrit Ernest Renan, une volonté de construire un destin commun, de porter une idée collective grâce à un État unifiant. Celui qui veut devenir citoyen le peut, la citoyenneté se conquiert au quotidien par un partage de valeurs et de respect.

Je me réfère encore à Antoine de Saint-Exupéry, dont la famille est du Mans, car il faut retrouver un esprit de conquête, d'aventure, de confiance dans le progrès, de rêve et de voyage et non de crispation, d'enfermement et de haine : la vie doit rester « une légère fringale », disait-il subtilement. Cette « légère fringale » pour moi, c'est celle du progrès.

La gauche s'est éloignée de ceux qu'elle est censée représenter, c'est le constat que je fais.

La gauche est divisée mais c'est un faux problème, car elle n'incarne pas de projet capable de rassembler une large partie des Françaises et des Français. Tel est le véritable problème. D'autant plus que les fervents défenseurs de la pseudo « alliance » et du rassemblement sont les plus durs quant aux exclusions radicales qu'ils prononcent contre ceux qui ont exercé des responsabilités. Il n'y a qu'à rappeler les positions de la France insoumise sur tout ce qui est lié de près ou de loin à François Hollande. Je ne ferai pas la liste de ce procès continuel, chacun peut la faire seul. Le plus ennuyeux, c'est quand l'idée d'occulter le quinquennat Hollande vient des socialistes eux-mêmes qui considèrent, comme l'a dit Olivier Faure, que nous sommes à la fin du cycle d'Épinay. Il a fait le choix de vendre Solferino, de passer par pertes et profits la construction politique de François Mitterrand et du socialisme français. Selon lui, le socialisme ne peut trouver d'issue historique que par sa dilution dans une écologie politique qui, elle aussi pourtant, se cherche en France. On peut également, comme l'ont écrit les frondeurs, penser que nous serions coresponsables de l'échec de nos sociétés industrielles depuis quarante ans. Tout cela se tient mais ne débouche sur rien, si ce n'est sur la droitisation toujours plus forte de la société française.

Au fond, les résultats électoraux de cette gauche, avec ses idées dépassées, illustrent son manque d'attrait. Elle ne décolle pas et en plus ne comprend pas pourquoi, s'enfermant tout à la fois dans le rejet de ce qui a été fait et dans de vieilles tambouilles politico-stratégiques d'alliances et d'unions sans lendemain. François Hollande a cette formule très juste : « Ce n'est pas l'union qui fait la force, c'est la force qui crée l'union. » La nouvelle génération de socialistes, qui a vécu largement grâce à l'assise de la génération précédente, veut exister en effaçant toutes traces de ces années qui sont soi-disant des années d'erreurs, et justifie sa position par la non-candidature de François Hollande en 2017. Ce que je constate, c'est que la page qu'elle veut écrire reste blanche.

Il faut en tirer les conséquences et changer de stratégie. Il est déjà bien tard pour sortir de l'affaiblissement politique de la social-démocratie, de la soumission à la pensée des autres sans proposer sa propre affirmation politique. L'effacement derrière une alliance qui ne porte au demeurant aucun projet, qui n'a rien tranché des questions qui se posent, aboutit à une incapacité à gouverner et l'électorat le sait, en particulier l'électorat socialiste traditionnel, qui s'abstient ou reste par défaut chez Emmanuel Macron. C'est pourtant cet électorat qui fait les victoires de la gauche et, à l'oublier, on se prépare aux plus grandes défaites.

Ce fut le cas au moment des élections européennes de 2018, avec à peine 6 % pour le Parti socialiste. Quant aux municipales, elles n'ont été qu'une parenthèse avec une poussée verte et des victoires très locales, qui pour beaucoup étaient celles des maires sortant(e)s bien implanté(e)s, faisant leur travail depuis longtemps. L'effacement du clivage habituel entre une gauche ou une droite au pouvoir et des élus qui en subissaient les conséquences a disparu. J'ajoute à cette protection invisible des sortants (PS et LR) aux dernières élections, l'absence d'implantation politique locale du parti présidentiel.

Lors des dernières élections, sans âme, sans force cohérente, le Parti socialiste s'est reposé une nouvelle fois sur les sortants comme aux municipales. Malgré la multitude d'appels à se rassembler, elle a fini malgré tout divisée sans une force capable de la structurer, laissant place à la droitisation du pays, avec un Rassemblement national qui pour la première fois a trébuché nettement sur l'abstention. Pour la gauche socialiste, les sortants ont été au cœur du maintien à flot de la famille et trois d'entre eux, Carole Delga, Alain Rousset, Loïg Chesnais-Girard ont choisi la non-alliance pour le deuxième tour, position orthogonale de la ligne d'Olivier Faure. Ligne d'affirmation et de clarté que j'ai toujours défendue d'autant que les fusions de premier tour derrière les Verts ont été deux échecs cuisants comme les fusions de deuxième tour, sans véritable cohérence. Cinq régions restent donc socialistes, ce qui est déjà un bon résultat et un soulagement. Quant à la République en marche, après des municipales calamiteuses, elle ne parvient toujours pas à l'implantation locale, à la mise en place d'un parti capable d'exister sans Emmanuel Macron. Le « macronisme », et le dépassement des partis, trouve au fond son aboutissement dans l'impasse dans laquelle nous sommes entrés, avec le dynamitage du débat politique voulu par le président de la République en 2017. Qu'est-ce qui explique une telle situation ? Une conjoncture liée à la pandémie, oui, mais des facteurs structurels plus sûrement. Difficulté d'exister, de vivre et d'espérer dans une phase profonde de changement de nos sociétés, de nos modèles de développement, qui conduit aux peurs, au doute, à la perte de confiance, à la confusion et à l'inadaptation de l'offre politique, en particulier pour la gauche ?

Le choix stratégique d'Olivier Faure pour la présidentielle du « peu importe que ce soit un socialiste ou un écologiste » résume très bien cette veine malheureuse, même si, à la veille du congrès, il a changé d'avis en se prononçant pour Anne Hidalgo et un projet socialiste sans aucun débat. Si j'ai partagé avec lui la conviction qu'il ne doit pas y avoir d'opposition systématique avec l'écologie politique, il faut cependant être capable de trancher les grandes questions en débat avant de faire semblant de se rassembler. Car de toutes les façons, à un moment ou à un autre, ces différences réapparaissent. Je fus d'ailleurs surpris d'entendre Anne Hidalgo, après des mois à parler d'alliance et de fusion, évoquer le fait qu'il y avait chez les Verts un problème avec la République. De même, Olivier Faure après les universités d'été à Blois, en présence de tous les leaders d'EELV, a dénoncé leur participation à la fameuse manifestation de lutte contre l'islamophobie. Je ne me serais pas permis de telles remarques assez désagréables si la volonté était de trouver, quoi qu'il en coûte, un accord avec les Verts. Force est de constater qu'après de multiples rencontres, cela ne débouche sur aucune alliance. Lors de l'élection partielle du 20e arrondissement de Paris en juin 2021, les Verts n'ont pas appelé à voter pour la candidate socialiste soutenue par Anne Hidalgo, pourtant arrivée largement en tête au premier tour. De même, les multiples rencontres de la gauche organisées à l'initiative de Yannick Jadot n'ont donné lieu à aucune stratégie commune ni consensus.

Pendant ce temps, Jean-Luc Mélenchon refait le même coup qu'à Benoît Hamon en 2017, alors que personne n'ignore qu'il sera candidat « quoi qu'il en coûte ». Là encore il aura fallu ses ultimes dérapages complotistes pour qu'Olivier Faure et Anne Hidalgo prennent clairement leurs distances.

Je pense que pour avancer il faut au contraire exister, se confronter et noter les divergences d'analyse sur la situation difficile de notre pays ainsi que les chemins à suivre pour en sortir. L'enjeu c'est l'avenir de la France, comment conjurer les risques de dislocation du tissu social, de flambée de colère dans ses expressions les plus violentes et la remise en cause de notre démocratie représentative. Les discussions sans fin sur les reports successifs des élections durant la crise sont pour cela des signes du malaise profond qui traverse notre pays et qui ne se sont jamais produits ailleurs, ni en Europe ni dans le monde où l'on connaissait pourtant la même pandémie, les mêmes confinements. À ce titre, je n'oublierai pas l'appel de Jacques Attali à ne pas aller voter la veille au soir du premier tour des municipales en 2020. Ce soir-là, il fallait être responsable et faire face à la crise plutôt que d'appeler à la désobéissance civile. Pour un ancien conseiller de François Mitterrand, ce fut une faute. Dans ce contexte de grande fragilité, il faut de la solidité, de la lucidité et de la responsabilité pour éviter de fragiliser un peu plus ce qui l'est déjà.

Aujourd'hui à gauche, tout le monde accepte, comme une évidence, la place au second tour de Marine Le Pen et dans le même temps s'agite frénétiquement pour essayer d'y être, sans considérer le risque de ne pas avoir la capacité de gagner et de ne pouvoir éviter la victoire du RN. Tout cela ne tourne pas rond et depuis un an les sondages sur le second tour sont clairs et frappants. Plus rien ne tient. La faiblesse actuelle du premier tour ne laisse pas d'espoir pour le second. Plus gravement, l'idée qui s'installe dans l'électorat est celle du « à quoi bon et pourquoi pas ». « Après tout, Marine Le Pen, on peut essayer ou laisser faire. » Ne pas le voir et ne pas le comprendre, ce n'est pas responsable.

La gauche réformiste doit ouvrir les yeux et se réveiller. Car pendant ce temps, l'extrême droite polit ses angles pour essayer de gagner sans rien changer de son projet et de ses fondamentaux sur l'immigration, la stigmatisation et l'idée d'un retour partiel aux frontières du Rhin, des Alpes et des Pyrénées.

La droite, elle, avance ses pions dans la tradition et sans imagination. Xavier Bertrand, qui conteste Emmanuel Macron est pourtant sur la même ligne économique, comme l'a fait justement remarquer Bruno Le Maire. Là où le gouvernement, en pure perte, met en place une baisse de 10 milliards d'euros des impôts de production, il en propose 30 milliards ; Michel Barnier, 40, ce qui représente plus de 150 milliards de dépenses sur cinq ans. Comment financer de telles dépenses ? En partie par le relèvement de l'âge de départ à la retraite. Rien de neuf donc. Cette doctrine libérale est injuste et elle le sera encore plus après la crise où on a vu les inégalités se creuser. Cela s'accompagne du durcissement habituel et très sarkozyste, comme si rien n'avait changé, avec les surenchères des mesures sur la sécurité et la justice : automaticité des peines pour les petits délinquants, incompressibilité de cinquante ans pour Xavier Bertrand, saillies de Guillaume Peltier. Tant qu'on y est, il ne faut pas mégoter ! Valérie Pécresse, qui ne veut pas être en reste, fait le lien entre immigration et délinquance. Le RN n'a même plus à s'exprimer et cette droitisation à l'extrême ne sert que Marine Le Pen. Le tout se conclut par une vieille conception gaulliste de la rencontre entre un homme ou une femme avec le peuple de France. Mais n'est pas Charles de Gaulle qui veut. Ainsi, je trouve qu'on a beaucoup donné avec Emmanuel Macron dans le domaine du monarque républicain et qu'il y a une place pour un président social-démocrate, respectueux des institutions, de la démocratie représentative et de la démocratie sociale, porté par l'idée de concilier plutôt que de brutaliser et par celle d'être moins intrusif dans la conduite des affaires gouvernementales.

Il est temps d'arrêter les leçons de gauche perpétuelles de ceux qui parlent de rupture avec le monde d'aujourd'hui, avec l'Europe, avec le capitalisme, avec l'économie de marché pour dénoncer les malheurs mais ne jamais proposer de chemins concrets pour améliorer la situation du plus grand nombre. Les Français s'en détournent ; ne pas le voir après les élections est incompréhensible. Ceux qui voudraient « délégitimer » la social-démocratie pour mieux exister sont enfermés dans de vieux schémas. Celui d'un primat absolu du politique sur la démocratie sociale, de la planification plutôt que de l'émulation, de la redistribution sans jamais parler de la production et de l'innovation, du refus d'accepter l'économie de marché sans proposer d'autres modèles aboutis, de se contenter d'approximations sur la conception de la laïcité au risque de se perdre dans la question identitaire, de promouvoir un souverainisme à l'opposé des valeurs internationalistes. À cela s'ajoute pour Jean-Luc Mélenchon des prismes géopolitiques qui seraient pour notre pays un risque immense de déséquilibre diplomatique : une Europe contestée, une dette à éliminer, une Russie alliée comme au « bon vieux temps » de la Troisième République et de l'alliance de revers contre l'Allemagne, une Amérique vécue uniquement comme impérialiste, une Chine légitime sur tout ce qu'elle fait jusqu'au Tibet, un retrait du Sahel sans chercher de solution politique, etc. Tout cela, je ne le partage pas et je n'entends pas laisser croire que cette ligne serait une ligne de la gauche française dans le monde d'aujourd'hui. Quant à la social-démocratie, elle serait pour toute cette mouvance et bien au-delà à jeter aux orties. Elle ne l'est pas.

Ce qui est sûr aujourd'hui, au vu des résultats électoraux, c'est que la gauche recule et que l'abstentionnisme grimpe. Ce silence démocratique récurrent d'une grande partie de l'électorat en dit plus long que tous les discours sur l'inquiétude qui guette la classe moyenne et populaire. C'est là que se trouve la clef d'une alternative politique et non dans une alliance mal pensée ou pas pensée du tout. L'écologie marque des points et tant mieux, mais elle manque, quoi qu'on en dise, d'assise populaire et ce n'est pas la convention citoyenne qui va changer la donne. Car, au sein même de cette mouvance politique, les arbitrages ne sont pas tranchés et on voit poindre le débat interne entre Éric Piolle, Sandrine Rousseau et Yannick Jadot. Ils oscillent entre un arc de gauche écologiste traditionnel mû par la décroissance, la sobriété et une forme encore indéfinie d'écologie réformiste du type Grünen, aboutissement en Allemagne d'une grande maturation politique depuis vingt ans. L'écologie politique française n'a pas fait ce travail et garde un angle mort sur l'économie, la question sociale et le lien avec les aspirations des couches moyennes et populaires, c'est là sa faiblesse.

De fait pour les socialistes, il faut présenter une ligne qui réponde aux enjeux de la durabilité, comme l'avait dessinée à juste titre Gro Harlem Brundtland en 1987, ancienne Première ministre socialiste norvégienne, dans son rapport à l'ONU intitulé « Le développement durable ».

Maintenant, il faut bâtir le projet d'une France durable. C'est en affirmant cette ligne sans tomber dans la dépression actuelle et sans accepter de réduire nos ambitions de développement, sans lâcher sur nos valeurs d'ouverture, d'émancipation individuelle mais surtout collective, de solidarité, de liberté d'expression, d'entrepreneuriat, en refusant les oukases et les révolutions culturelles antisystèmes qui rendent aveugles que nous le pourrons. Confondre l'idéal et la réalité, c'est perdre la lucidité et la notion du temps. D'illustres anciens m'ont précédé sur cette ligne, Jean Jaurès et Léon Blum. Je rappelle leur clairvoyance et les fondements de notre histoire qui sont un arbitrage démocratique, entre les aspirations sociales, la réalité économique et maintenant le défi écologique.

En politique, pour gagner, il ne peut pas s'agir que d'alliances, mais d'actions en cohérence. Il ne peut pas s'agir de la place de l'idéal sans prendre en compte la réalité. Il ne peut pas non plus s'agir de faire le choix du confort, de l'opposition face aux risques de la responsabilité, mais d'être « dans l'opposition comme si l'on était au pouvoir ». Ce sont les vieilles questions et les vieux principes qu'il faut rappeler comme si décidément rien n'avait changé. Le monde d'avant est bien là, avec ses cohortes alignées de soldats de plomb. Pour moi, l'après c'est donner de l'air à notre planète, de l'air à la gauche dans une atmosphère vidée de sa pollution carbonée, des idées tristes, des peurs et des menaces érigées en projet de manière continuelle ; c'est retrouver le chemin du progrès, le défendre contre toutes les attaques des déclinologues, dans un malthusianisme du XXIe siècle qui prolonge et décuple les idées du Club de Rome avec la sobriété et la frugalité comme viatiques. Notre pays est le plus pessimiste de tous les pays européens et je suis convaincu que la teneur de nos débats politiques, à gauche en particulier, y est pour beaucoup.

Le projet doit être créateur de nouveaux emplois, il doit permettre des gains de productivité par l'efficacité énergétique, il ne doit pas créer de rupture dans les échanges. Ce projet doit faire évoluer l'économie financière pour investir dans le développement durable afin de créer une « croissance sûre » en rupture avec la décroissance comme avec la croissance issue des énergies fossiles. Ce projet doit être social par l'investissement et pas uniquement par la redistribution. Pour cela, l'Europe doit être remobilisée et non pas vilipendée.

Cet essai est ma contribution à la définition d'une ligne claire et d'un chemin pour la France dans un contexte critique. Je m'inscris dans une volonté d'agir, de faire des propositions pour mon pays, pour nos territoires comme je l'ai toujours fait. Le débat s'engage et je sais ce que je veux porter pour représenter la gauche de la responsabilité : une social-démocratie écologique de progrès.

La France est un grand pays d'Europe et nous devons prendre le tournant vers une France durable. La France est un arbre qui a des racines partout dans le monde, c'est une idée et une passion universalistes, une envie de liberté, d'égalité et de fraternité. Être Français, être Française, c'est faire couler la sève du monde dans les veines de l'humanité. La France est un arbre et elle grandit quand elle cherche la lumière.

Partie I

LES NOUVEAUX DÉFIS DE LA GAUCHE

LES SÉCURISÉS CONTRE LES INSÉCURISÉS : UNE NOUVELLE LUTTE DES CLASSES

Pour agir contre le réchauffement climatique, sans baragouiner mais avec méthode et détermination, et construire une France durable, il ne faut pas brandir une menace mais bien au contraire un projet pour tous. C'est l'enjeu pour notre pays : construire ensemble l'avenir sans exclure une catégorie de Françaises et de Français. Pourtant, il existe aujourd'hui une nouvelle forme de lutte des classes contre laquelle il faut réagir. L'enjeu pour la gauche réside dans les réponses qu'elle sera capable de donner pour réunir notre société trop divisée.

Dans l'ouvrage remarquable *Les Origines du populisme*[1], les auteurs citent Hannah Arendt et Robert

1. Yann Algan, Elizabeth Beasley, Daniel Cohen, Martial Foucault, *Les Origines du populisme. Enquête sur un schisme*

Castel pour décrire « le vécu individuel subjectif des masses » qui conduit à « l'atomisation du corps social ». Ils alertent sur la polarisation entre un individualisme « par excès » chez ceux pour qui tout va bien et un individualisme « par défaut » chez ceux pour qui tout va mal. Cela conduit à l'absence d'idéologies constructives, de sentiment d'appartenance à un collectif et engendre inévitablement la sensation d'être un « oublié » et une « victime du système », de l'autre et du monde. Cette analyse du « schisme social » entre le bien-être et le mal-être, entre la confiance et la méfiance, l'estime et la perte d'estime de soi, est au cœur du débat qui nous anime. Il faut recréer une confiance en l'avenir, ne plus alimenter un pessimisme déjà profondément ancré dans toute une partie de nos populations. Il faut réaffirmer la force du progrès pour l'humanité, pour notre pays tout entier et non pas seulement pour des petits bouts de territoire.

En France, il existe ce que j'appelle « une classe sécurisée » qui vit dans une certaine aisance financière, sociale, et une « classe insécurisée » qui se sent constamment menacée par le déclassement. Le peuple des gens modestes, des salariés du privé, de la classe moyenne et populaire insécurisée, est à nouveau menacé par la

---

politique et social, Seuil, coll. « La République des idées », Paris, 2019.

précarisation, les licenciements et le chômage. Il ne s'agit pas là d'un choix individuel, comme le dit Emmanuel Macron, mais de la conséquence d'un dérèglement économique. L'archipel français théorisé par Jérôme Fourquet[2] est une réalité, mais on ne peut pas s'arrêter à cette atomisation. Il faut trouver comment rapprocher ces petits archipels et éviter leurs dérives. Pour ma part, j'y vois le retour, ou plutôt la confirmation, de la fracture sociale et non pas simplement, comme souvent répété, d'une fracture territoriale et d'un détachement de la France périphérique. Non, en fait, la faille s'élargit entre ceux qui sont sécurisés par leur situation financière, le statut protecteur de leur emploi, la qualité de leur vie et de l'autre côté ceux qui seront, avec la crise, encore plus insécurisés et confrontés à la dureté du quotidien, et cela enjambe largement les périphériques.

Les Gilets jaunes et leur revendication de « pouvoir vivre jusqu'à la fin du mois » étaient un symptôme avant-coureur de ce qui peut surgir plus gravement encore après cette période. À ce mouvement des Gilets jaunes issu du maintien abrupt de la contribution carbone s'agrège toute la problématique du mal-vivre quel qu'il soit, urbain ou rural. C'est un fossé politique infranchissable pour tous les radicaux du clair-obscur

---

2. Jérôme Fourquet, *L'Archipel français. Naissance d'une nation multiple et divisée*, Seuil, Paris, 2019.

coincés entre la lumière anticapitaliste, la décroissance et l'ombre de la crise sociale, des mécanismes de l'économie de marché, des trous budgétaires béants et d'une dette qui dépassera allègrement la production nationale.

Le choix de demain pour la gauche est donc difficile et l'alternative politique ne peut se faire en décalage avec la réalité et les marges disponibles, sauf à rester en dehors de toute adhésion populaire. Car la classe moyenne et populaire insécurisée est lucide sur sa situation, sur celle de l'économie, sur la fragilité des entreprises dans lesquelles elle travaille (petites, moyennes et grandes). Cette classe « insécurisée » ne croit plus dans les politiques de redistribution traditionnelles. C'est pour cela qu'elle est inquiète et cherche des protections sans penser pour autant à changer le système. Elle n'adhère donc pas du tout aux injonctions comportementales de la classe sécurisée en faveur d'une écologie politique chargée de tourner la page du passé industriel et de la consommation de masse, alors qu'elle-même voudrait bien profiter du monde d'avant, dont elle s'estime exclue sans espoir d'amélioration de sa situation. D'autant plus que les outils de la redistribution traditionnels, revenu universel inclus, et l'idée que s'en fait la gauche « brahmane » de Thomas Piketty, pèchent par construction, par leurs coûts et par l'incompréhension de la valeur travail qui reste aujourd'hui une valeur d'identité, de dignité individuelle et collective pour la classe insécurisée. Car le travail est aussi une condition essentielle de liens interpersonnels et d'estime de soi, ce qui le rend particulièrement intéressant pour lutter contre les passions tristes de la classe populaire et moyenne.

Dans cette période de sortie de crise, la destruction des liens sociaux est encore plus marquée, la confiance interpersonnelle baisse encore, ouvrant la voie à une défiance plus grande, à un choc où les perdants vont perdre encore plus. Avec le risque qu'à ce moment-là se développe, comme le dit Cynthia Fleury dans son ouvrage *Ci-gît l'amer*[3], le ressentiment comme refuge aggravant encore l'enfermement individuel. Cette conjonction du ressentiment, de la perte de confiance et de la réduction des liens interpersonnels, conforte l'irrespirable sentiment d'être dans une impasse, victime d'un système qui ne comprend plus le sens à donner au récit commun, à la vie au quotidien. Il faut « quoi qu'il en coûte » reconstruire et ne pas détruire les liens sociaux dans tous les territoires où les difficultés s'accumulent. Il s'agit en l'occurrence d'innover avec des réponses larges et intégratives en mobilisant les politiques du logement, de soutien à l'insertion, de soutien à la vie associative, aux actions dans le sport, à l'accès à

3. Cynthia Fleury, *Ci-gît l'amer. Guérir du ressentiment*, Gallimard, coll. « Blanche », Paris, 2020.

la culture, et à la vie sociale avec bien entendu les restaurants, les bars, les commerces. Car dans la société numérique de plus en plus puissante, tout peut aller encore plus vite dans une fuite en avant, un accélérateur de plus pour l'isolement des couches insécurisées et fongibles dans la masse des réseaux sociaux. Le risque c'est de perdre encore en relations interpersonnelles, absorbées par Facebook, Netflix, Amazon, de se trouver à la merci de tous les complotistes, enfermés dans des huis clos domestiques mortifères. C'est la rupture de la construction sociale qui serait le pire de l'après-Covid, selon les mécanismes si bien décrits par Hannah Arendt dans *Les Origines du totalitarisme* de « l'individu vidé dans une uniformité monotone et dans la masse (qui) ne l'empêche pas d'avoir à juger son échec individuel ni celui de juger le monde ».

Pendant le deuxième confinement, j'ai été frappé en sortant de chez moi par l'interpellation d'un voisin que j'aime bien :

« Ah ! quand même Stéphane, tu as vu, ce n'est pas clair le virus !

— Ah bon ? Pourquoi tu dis ça, tu crois qu'il y a quelque chose ?

— Ben oui, Bill Gates avec tout le fric qu'il a.

— Ah, je vois… Tu as regardé les réseaux sociaux sur le complot de Bill Gates ?

— Ben oui, quand même.

— Oui, mais il a du fric grâce à ceux qui passent beaucoup de temps sur Google, les mêmes qui le dénoncent. »

Il faut permettre à tout le monde de prendre du recul ; cela ne peut pas se faire enfermé chez soi devant un ordinateur. La rencontre, l'échange, le jeu, le sport, la culture sont essentiels à la sortie de la crise. Le lien interpersonnel dépend aussi énormément de l'emploi, du travail dans sa dimension sociale et de la construction de liens extrafamiliaux. Il y a, au sein du monde ouvrier dans toute sa diversité de statuts, de métiers, de situations, une valeur donnée à l'emploi qui dépasse le seul rapport au salaire. La reconnaissance et la socialisation en sont les deux sources ; elles sont deux éléments de construction de liens interpersonnels.

Dans la période récente, l'encouragement au télétravail a ainsi créé une coupure avec le monde du travail ; l'assignation à rester chez soi fut pour beaucoup insupportable. C'est pourquoi le télétravail doit rester une alternative nécessaire à l'évolution des métiers. Il doit être conçu, dès que c'est possible, comme un « temps alterné » entre la présence dans l'entreprise et celle chez soi, mais sûrement pas comme une injonction à rester chez soi.

Le travail est à la fois une nécessité économique et un marqueur social. Ne plus avoir d'emploi est vécu par le monde ouvrier et populaire comme le déclassement suprême, l'humiliation symbolique ultime. En 2007, Nicolas Sarkozy avait perçu chez cette classe insécurisée l'envie de progrès social à travers le travail et sa rémunération. Le slogan qui avait fait mouche fut à n'en pas douter « travailler plus pour gagner plus » ou « je suis avec les gens qui se lèvent tôt ». Cette ligne avait fait reculer le Front national en captant une part de son électorat ouvrier. La gauche des statuts protecteurs doit comprendre et ne pas se montrer indifférente, voire en opposition à cette idée de la place du travail, en restant enfermée dans la « conception aliénatrice » du travail. Quand j'étais ministre, je m'étais battu au sein du gouvernement Valls pour faire changer le nom donné à la prime d'activité et la transformer en « prime du travail ». L'activité, je la connais sous toutes ses formes – sportive, culturelle, associative –, il ne s'agissait pas de cela mais bien du lien entre soutien public et travail. Cette prime du travail est la meilleure réponse au revenu universel généralisé de Benoît Hamon. Elle a été l'outil principal de la réponse redistributive du gouvernement face aux Gilets jaunes, sans que l'on rappelle une fois de plus que c'était une bonne mesure du quinquennat Hollande.

Tout cela renvoie d'ailleurs également à l'incapacité politique de Jean-Luc Mélenchon à récupérer le mouvement des Gilets jaunes. Pour le monde insécurisé, les emplois sous statuts protecteurs, la grande générosité redistributive, la réduction du temps de travail, la lutte contre le capitalisme ne sont plus sujets de préoccupation et des demandes sociales, car il n'y a plus de structures économiques capables de porter dans l'économie réelle cette ambition, comme cela était le cas au bon vieux temps de la croissance et de l'expansion industrielle. Dans le secteur concurrentiel, tout le monde connaît le risque encouru par les entreprises éclatées sur nos territoires et confrontées à la concurrence mondiale. Le même constat, je le fais pour le monde syndical. La CGT n'a pas pu rejoindre le mouvement, n'a pas trouvé sa place sur les ronds-points, car elle ne représente pas l'univers de la classe insécurisée, elle tourne trop autour des secteurs protégés qui laissent encore le loisir de penser la baisse du temps de travail avec la proposition des 32 heures. C'est loin, très loin de ce que pensent les salariés des entreprises soumises à la concurrence. La CFDT n'est pas devenue par hasard le premier syndicat dans le privé. Il faut, pour la gauche, un nouveau regard sur la valeur du travail et sur l'économie de marché. Parce que, contrairement à ce que pensent la droite et l'extrême droite, la classe insécurisée ne refuse pas l'idée de l'assistance, étant entendu que chacun doit avoir en fonction de la part qu'il donne dans la construction collective. Il nous faut un jugement clair qui pose la question de l'aide à ceux qui n'ont plus de travail ; c'est sur cette base politique que la gauche doit défendre sa conception du modèle social et contester la position de ceux qui brandissent l'assistanat.

Bruno Le Maire et Laurent Wauquiez avaient parlé à ce propos de « cancer de la société ». Ils participaient alors de ce populisme qui attise l'antagonisme entre ceux qui travaillent et ceux qui ne travaillent pas. L'extrême droite le fait elle aussi en désignant les migrants comme les responsables des maux de la société. La gauche doit affirmer son attachement à la valeur du travail, en même temps qu'elle doit assurer son soutien aux salariés en difficulté, aux chômeurs, et justifier des aides apportées à ceux qui en ont besoin. C'est pourquoi, pour l'après-crise, il ne peut pas y avoir de réforme de l'assurance chômage. Si la gauche doit réaffirmer ses valeurs de solidarité, elle doit néanmoins revenir sur sa myopie qui veut qu'elle ne conçoive son projet sans autres solutions que la distribution d'aides, sans prendre en compte le travail. C'est ce qui condamne par avance la position de la gauche de la gauche et celle des écologistes, alliés avec Benoît Hamon dans une combinaison explosive pour les couches populaires : d'un côté la sobriété et de l'autre le revenu universel.

Je déjeune souvent dans les restaurants ouvriers du Mans, qui sont de formidables lieux de brassage, de rapports interprofessionnels et surtout interpersonnels. L'appartenance à une entreprise se sent au cœur de ces salles où chacun est penché sur son assiette, parle et mange dans un sentiment très fort d'appartenance au monde du travail. Proposer comme Benoît Hamon un revenu universel comme réponse à la perte d'emploi et à la raréfaction du travail à cause des évolutions technologiques est une erreur fondamentale, une incompréhension profonde du monde du travail. Au contraire, il faut défendre le travail, créer de l'emploi, éviter d'en détruire massivement dans la nécessaire phase de transition qui s'ouvre et dire qu'on y croit ! car sinon, à l'humiliation de la perte d'un emploi s'ajouterait la perte d'espoir d'en retrouver et la certitude de tomber dans le néant et l'inutilité.

Nicolas Sarkozy aura été le seul à droite à avoir combiné en 2007 l'électorat traditionnel de droite aisé avec une majorité de l'électorat populaire. C'est la vraie raison de la défaite de Ségolène Royal. Mais cette ligne s'est fracassée avec le Fouquet's, le bateau de Bolloré, les vacances à Petra et surtout la crise financière de 2008. Ce quinquennat a basculé avec Buisson dans l'identitaire et Nicolas Sarkozy a perdu l'élection présidentielle face à François Hollande. Ce dernier a su incarner en 2012 le changement pour la gauche et mobiliser une partie de l'électorat centriste de droite qui s'était détaché du président sortant au fur et à mesure de sa dérive identitaire.

Pour gagner une élection présidentielle, la gauche doit être capable de convaincre son électorat actuel, mais surtout de retrouver l'électorat qui est allé voir ailleurs et qui s'abstient. La classe « insécurisée » salariée, ouvrière qui pense au Rassemblement national n'est pas perdue et nous devons la reconquérir. François Hollande en 2012 avait réussi cette « synthèse », mais en privilégiant les réformes souhaitées par Manuel Valls et Emmanuel Macron, il a perdu de vue son électorat de gauche. La tension entre le gouvernement et les frondeurs au moment de la loi Travail a alors été poussée à son extrême, jusqu'au recours au 49.3 par le Premier ministre et le dépôt d'une motion de censure par les frondeurs. La nomination de Bernard Cazeneuve comme Premier ministre a apaisé la situation mais il était déjà trop tard.

Cette division vient de loin, elle a toujours animé la gauche mais rarement à ce point dans l'exercice du pouvoir. Le marxisme et le socialisme sont nés avec la révolution industrielle en accompagnant les masses d'hommes, de femmes et d'enfants, englouties dans la gueule d'immenses usines fumantes, dans leur volonté d'acquérir des droits, des outils de prévoyance et d'avoir un meilleur salaire. L'idée socialiste est née, elle, dans les fumées de toutes les cheminées de France et d'Europe qui structuraient alors le monde, mais qui se sont diluées au fur et à mesure de l'évolution du progrès technique, de l'éclatement des lieux de production et de la fin du vieux monde industriel. « Les modes de production déterminent l'organisation sociale », disait Marx et il avait raison. Ils doivent aussi déterminer les évolutions de la pensée politique. Depuis l'après-guerre et le communisme triomphant, la gauche a oscillé entre la ligne révolutionnaire toujours à l'œuvre et une social-démocratie qui elle-même, entre la première gauche et deuxième gauche, a cherché sa voie dans ce monde nouveau. La crise de 1973 stoppa l'idée simple du triptyque « socialisation des moyens de production, redistribution, liberté individuelle ». De 1981 à 1983, ce fut l'apogée du modèle ancien, il fallait le tenter au nom de l'histoire, mais ce modèle s'est brisé sur la réalité de la perte de souveraineté industrielle, de l'inflation, du creusement du déficit de la balance commerciale, des dévaluations du franc. Tout cela aura eu raison de cette politique ambitieuse et se traduira en 1984 par le départ de Pierre Mauroy, l'arrivée de Laurent Fabius et un changement de cap. Pour le justifier, Lionel Jospin inventera la formule célèbre de la « parenthèse », expliquant que cette nouvelle phase politique serait limitée dans le temps. Elle n'est toujours pas fermée et la gauche oscille encore entre la fureur de la révolution, la lutte sempiternelle contre le capitalisme – qui a pourtant gagné partout dans le monde, même chez les communistes chinois – et une redistribution généreuse, solution à tout, en perdant l'idée de progrès par le changement de modèle de production et de développement.

Cette ligne de gauche est aujourd'hui en fin de cycle. En devenant uniquement la porte-parole d'une classe sécurisée, elle a oublié la classe insécurisée dont elle ne parle qu'avec des trémolos dans la voix. Elle lui dit qu'elle va lui venir en aide, mais ne mesure pas son aspiration à ne pas être un fardeau mais bien une actrice de sa propre destinée individuelle, à être comprise quand elle parle d'insécurité sans être renvoyée à un « sentiment d'insécurité » qui est une forme d'incompréhension de plus entre la gauche traditionnelle et les couches insécurisées. La question sociale reste ainsi la clef de la réussite de la transition écologique, mais à condition de comprendre les couches moyennes et populaires et de ne pas céder culturellement à l'extrême gauche. Les socialistes ont ce rôle historique à jouer à condition d'être clairs sur les objectifs. La social-écologie n'a de sens qu'à cette condition.

LA SOBRIÉTÉ INDIVIDUELLE N'EST PAS LA SOLUTION !

Pour les tenants de la décroissance, le raisonnement est simple. Face à l'enjeu écologique, il faut prendre le contre-pied de ce passé qui nous a conduits là où nous sommes. Chacun doit, à son échelle, corriger les erreurs de comportement, limiter les pollutions, lutter contre le gaspillage. Il faudrait que le citoyen consommateur consomme moins, soit sobre, et qu'il remette partiellement en cause son quotidien et ses modes de vie. Si cela est utile, cela s'entend pour ceux qui ont de la marge pour le faire ; pour les autres, le risque est que cela devienne une morale contraignante inacceptable qui conduise à un appauvrissement général par l'asphyxie des échanges et de l'activité. Si je partage le constat de l'urgence environnementale avec tous les écologistes et l'idée de remettre en cause les modalités de développement économique actuelles, je suis en revanche convaincu que l'idée de progrès est essentielle pour faire adhérer le plus grand nombre au nécessaire changement de notre modèle de développement et au basculement vers une France durable.

La tendance actuelle à aller vers le concept de la sobriété, vers une politique écologique qui construit l'avenir dans un contre-modèle des choix du passé, est risquée politiquement. La question écologique doit être bien posée pour ne pas accentuer la désespérance des couches insécurisées. L'aversion à l'égard de l'industrie ne peut pas se confondre en lutte acharnée contre le productivisme ; l'altermondialisation dans un retour au local sans concession pour les exportations, la fin des voyages et du tourisme, en particulier quand c'est en avion, ne peut pas se faire sans mettre en danger toute l'aéronautique ; le vélo à la place de l'automobile, sans remettre en cause toute une culture industrielle. Tout participe, non pas à une correction nécessaire des excès et des erreurs dangereuses du passé, du gaspillage insensé des ressources naturelles, des pollutions multiples, mais à une conception qui confond correction et progression, décroissance et nouvelle croissance, défiance et confiance dans le progrès et la science. Il y a en réalité une idéologie, d'inspiration très chrétienne, du péché originel du modèle des sociétés industrielles libérales, tournées vers l'abondance, la consommation débridée et le toujours plus de droits et de libertés, voire de plaisir. Je note d'ailleurs que quelqu'un comme Éric Piolle fait explicitement référence aux évangiles dans ses inspirations à la sobriété. Cette tendance dure a perlé dans les prises de position de certains maires écologistes : Éric Piolle et ses choix de politique culturelle à Grenoble dans la logique des droits culturels tournant le dos à André Malraux et Jack Lang ; Pierre Hurmic et son discours sur le sapin de Noël devenu un arbre mort dans la conception de l'unité du vivant ; le maire de Lyon retirant les repas à base de viande de la cantine pour en finir avec l'élevage industriel ; la maire de Poitiers supprimant une subvention à un aéroclub afin, a-t-elle dit, de ne pas laisser les enfants rêver à voler pour être en cohérence avec la lutte contre la pollution des avions ; Grégory Doucet considérant le Tour de France comme « machiste et polluant », accusant la caravane commerciale d'être un symbole de gaspillage et d'infantilisation du peuple massé sur les routes ; le moratoire ou plus exactement le refus de la 5G pour ne pas « regarder du porno dans l'ascenseur »… Pendant ce temps, la Chine et les États-Unis se battent déjà pour la 6G. Tout cela est cohérent avec l'idée de la sobriété, mais problématique socialement et économiquement dans un monde interconnecté et numérique comme le nôtre. Nous ne pouvons pas nous penser seuls dans notre jardin, comme si plus rien d'autre ne comptait que le maraîchage et le local ; nous ne pouvons pas nous penser seuls alors que le monde continue d'évoluer. C'est une illusion.

Je partage la nécessité de corriger notre trajectoire et nos modèles de développement mais plutôt qu'une correction par la sobriété, je fais le choix d'une correction par le progrès. Il faut sortir d'une politique comportementaliste pour créer une dynamique collective, seule à même d'opérer un changement de cap clair pour l'avenir. D'abord parce que la sobriété individuelle porte un non-dit majeur, celui de ne pas donner de perspectives à ceux qui en ont déjà peu et qui considèrent n'avoir même pas pu encore profiter de ce vieux monde moribond. Dans l'inconscient de beaucoup, cela fonctionne comme un puissant regret, mais engendre aussi une profonde colère, car l'injustice que cela occasionne est une des causes de la fracture sociale entre sécurisés et insécurisés. J'ai moi-même entendu, lors d'un échange, les réflexions sans appel de ceux qui donnent des leçons aux autres sans les comprendre. « Ces gens-là pourraient mieux manger. [...] Moi je les côtoie au quotidien, l'obésité c'est la malbouffe. » Quand je tente d'expliquer que pour bon nombre de ces familles, les courses se font à l'euro près, on me rétorque qu'ils pourraient « acheter bio, manger équilibré », « s'ils ne jouaient pas au loto, ne prenaient autant l'apéro, s'ils passaient moins de temps devant la télé et les smartphones [...], alors ils seraient en meilleure santé ». Ces jugements sans appel sont des expressions et des ressentis qui, de l'autre côté, suscitent une vive réaction. La pression culturelle est forte et violente. Le rejet de la chasse, des pratiques agricoles, des modes de vie et de tout ce qui remet en cause des cultures fortes, ne passe pas et le vote écologique à ce titre n'est pas un vote populaire.

J'ai pris conscience de cette fracture culturelle et sociale qui s'installe entre les gens bien établis et les autres. Ce regard par trop méprisant est dangereux au nom même du projet que l'on veut poursuivre et c'est ce que je n'accepte plus et qu'il faut changer. D'autant que cela s'accompagne, du côté de ceux qui jugent les autres, d'efforts certes non négligeables, mais qui ne remettent jamais en cause fondamentalement leur propre mode de vie et leur confort. Vélo en ville, voitures électriques dernier cri, gîte avec piscine pour les vacances ou, pour l'évasion, achat de camping-cars, alimentation bio, sport et culture, cinéma et théâtre, exigence de verres en papier, petit jardinage dans l'entreprise ou dans la ville, promenade en forêt, le tout dans une sécurité liée à un bon emploi et à des moyens solides, sans être pour autant dans l'opulence. Au fond pour certains, le monde des insécurisés devrait pouvoir les suivre. Cela n'est pas possible car cette classe « insécurisée », qui est d'ailleurs hétérogène, mange en faisant les courses au plus juste, avec la liste des promos dans le sac. Peu d'entre eux vont au théâtre et très peu au cinéma. Certains jouent au loto avec l'espoir de changer leur vie un jour. Ils prennent l'apéro au café du coin pour retrouver les copains en dehors du cercle familial. Ils vont au stade avec des écharpes de couleurs parce que c'est du lien, de l'histoire partagée, de la fierté collective. Ils vivent dans la crainte de perdre leur emploi, mais ils sont fiers de travailler pour gagner leur vie même si c'est difficile et ne veulent surtout pas faire l'aumône. Si l'on est de gauche, on doit chercher à comprendre plutôt qu'à juger. Sachant, de plus, qu'on ne fera pas le bonheur des plus modestes en les toisant, en laissant penser qu'aller dans les grandes surfaces c'est du pareil au même qu'acheter en Biocoop, en leur imposant un mode de vie sans rapport avec le leur, voire, plus inacceptable encore, avec la perspective d'une baisse de leur niveau de vie.

Les modifications de consommation ont un rôle à jouer bien sûr, et je défends des évolutions dans beaucoup de domaines, en particulier avec la lutte contre tous les gaspillages. Mais cela s'adresse d'abord à ceux qui en ont les moyens. Pour les autres c'est par l'investissement qu'on va changer la donne sans injonction, sans obligation. Dans de nombreuses enquêtes de l'Ifop, les classes moyennes expriment clairement leur angoisse du déclassement à cause de leurs difficultés à boucler leurs fins de mois ; la sobriété est déjà pour elles une réalité. Ainsi, ne plus manger de viande pour ceux qui en mangent déjà peu, ne plus prendre l'avion pour ceux qui ne le prennent pas, ne plus utiliser de voiture diesel pour ceux qui n'ont que cela, manger bio quand on calcule tout à l'euro prêt, s'entendre dire qu'il faut aller dans les friperies et ne pas changer de fringues quand on s'habille déjà dans les braderies par manque de pouvoir d'achat, laver les couches pour ne plus les jeter quand on est une femme seule qui travaille... Tous ces messages accentuent l'incompréhension, voire la colère des classes modestes et moyennes insécurisées. D'autant que, dans cette liste non exhaustive, il n'est jamais fait mention, par exemple, du fait qu'un e-mail envoyé est l'équivalent en consommation énergétique de cinq cents mètres parcourus en voiture. Les milliards d'e-mails représentent donc des milliards de kilomètres parcourus en voiture. Ne pas en abuser serait aussi une mesure comportementale adaptée à la sobriété. Cela pour dire que, dans ce domaine comme dans d'autres, des choix sélectifs sont opérés par des prescripteurs médiatiques et politiques en fonction de leur propre comportement et pas de manière objective. Une chose est sûre, ce message devient déprimant, démotivant, sans capacité à mobiliser ou à intéresser les couches populaires, condition pourtant indispensable à la mise en œuvre d'un nouveau modèle de développement. Plus grave, cette idée de la sobriété, élevée au rang de projet, peut jeter dans les bras des démagogues du court terme une grande partie de nos concitoyens et produire un amalgame antisystème risqué pour la réussite même du projet de transition énergétique.

Il faut sortir des fausses pistes qui ne sont que des impasses sociales politiques, pour aller vers l'efficacité dans la lutte contre le réchauffement climatique. Il faut revenir à l'essentiel comme le dit l'Agence internationale de l'énergie (AIE) et cela passe par l'abandon des énergies fossiles. Cet engagement ne peut d'ailleurs réussir que si le « monde » s'y met, en particulier les plus gros pollueurs que sont la Chine (28 % des émissions), les États-Unis (24 %) et demain l'Inde, quand l'Europe en représente 9 % et la France un peu plus de 1 %. Là encore c'est un engagement international qui sera au cœur de la réussite pour réduire les émissions de gaz à effet de serre, pour respecter l'accord de Paris. La crise de la Covid aura induit une récession aussi soudaine qu'inattendue avec une décroissance des activités dans le monde de l'ordre de 7 à 8 % et *de facto* une baisse équivalente des émissions de gaz à effet de serre. C'est une tendance qui nous mettrait sur la trajectoire des accords de Paris si elle se poursuivait pendant dix ans. Mais le paléoclimatologue Jean Jouzel le dit clairement : cette période ne peut pas se prolonger indéfiniment. Le choix de décroissance conduit effectivement à une réduction nette des émissions de carbone et des pollutions en tout genre, mais ce n'est pas soutenable socialement et il y a là les ferments d'une explosion sociale majeure. Cette période de crise sanitaire a été à ce titre une expérience utile, qui doit plus que jamais nous obliger à penser autrement, mais à garder la réduction des émissions de carbone comme le cap à tenir.

La décroissance est donc une hypothèse inenvisageable au nom même de la réussite de la transition. Il faut au contraire penser une autre croissance pour assurer la « décarbonation » de nos économies. L'Europe doit muter plus vite que les autres et faire de ce changement un atout dans le monde, même chose pour la France. Ainsi la colère des Gilets jaunes est un révélateur du schisme ambiant qu'ils n'ont pas manqué de faire remarquer sur les ronds-points, quand ils ont dénoncé la pollution des bateaux et des avions qu'ils n'utilisaient pas alors qu'ils étaient condamnés à payer la taxe, ainsi que l'augmentation du prix du pétrole. Dans cette vie quotidienne qui se termine mal chaque fin de mois, toute perturbation supplémentaire assortie d'un discours moralisateur sur l'impérieuse nécessité de comprendre les enjeux planétaires est proprement inintelligible. Pour conclure on ne peut plus dire « votre vie est triste mais elle le sera encore plus », ou qu'il n'y a « plus de grain à moudre » mais que des ceintures à serrer ; sauf à désespérer Billancourt. Toute une partie de notre peuple irait alors voir les plus populistes avec les risques que j'ai déjà décrits pour notre démocratie.

L'AVENIR DE LA GAUCHE FACE AU « PROGRESSISME » D'EMMANUEL MACRON

François Mitterrand avait tiré une conclusion politique majeure de son long exercice du pouvoir lors de son discours au Parlement européen en janvier 1995 : « Le nationalisme, c'est la guerre. » La perte des valeurs fondatrices de la gauche et le repli sur soi alimentent le souverainisme face aux valeurs européennes, et le nationalisme face à l'internationalisme. C'est au fond un beau cadeau fait à tous ceux qui pensent que les frontières sont la véritable protection contre les malheurs du monde pour sauver notre identité alors que celle-ci n'existe, c'est tout le paradoxe, qu'en se confrontant aux autres dans une friction des idées et des cultures stimulante. On n'est jamais fier de soi quand on est seul. Antoine de Saint-Exupéry était heureux de dire qu'il n'aimait pas les sédentaires et il a offert au monde *Le Petit Prince*, cet enfant au voyage cosmique qui rencontre des gens enfermés dans de petites planètes étriquées, obnubilés par leur vie monomaniaque. Il faut au contraire s'échapper, voyager et s'ouvrir au monde. C'est pour ça que la situation politique actuelle a déboussolé la gauche, l'a éloignée de ses électorats respectifs, l'a profondément divisée et a contribué à la victoire d'Emmanuel Macron. Après le renoncement de François Hollande, la victoire de Benoît Hamon à la primaire – qui sanctionnait avant tout Manuel Valls – et ses 6 % à la présidentielle laisseront l'ascendant à gauche à la France insoumise dans laquelle ne se retrouve pas l'électorat de gauche modéré. Ainsi, au-delà de la montée en puissance de la question de la sécurité et du retour à droite de la ligne « du Kärcher », si je regarde de manière objective les résultats du premier tour, par exemple dans les Hauts-de-France, le score de Xavier Bertrand, 41,39 %, est extrêmement élevé et dépasse largement les scores habituels de la droite. Avec 18,99 %, la liste d'union de gauche est de son côté largement en deçà du total habituel de la gauche. Le résultat de LREM étant ce qu'il est, il y a donc un électorat socialiste qui a voté dès le premier tour pour Xavier Bertrand. C'est ce qui explique l'échec de la liste d'union portée par Karima Delli pour les Verts, alliée au PS et au PC. Ce n'est pas une offre en adéquation avec le vote socialiste traditionnel. C'est un échec sur toute la ligne. Comment expliquer une telle déconvenue ?

Au début de ce processus, il y a la faiblesse et les divisions profondes du Parti socialiste, sa plaie ouverte pendant le quinquennat par les frondeurs et qui s'est aggravée avec Manuel Valls comme Premier ministre. Rien ne pourra se faire de cohérent en étant toujours dans la critique de ce qui a été fait. Rien ne le sera non plus si l'on en reste aux gauches irréconciliables sans savoir pourquoi ni sur quoi, sans prendre le temps de s'expliquer, de se convaincre. J'avais voulu le faire en lançant l'interpellation « Eh oh la gauche ! » pour rappeler que les critiques pouvaient être légitimes mais qu'elles manquaient d'objectivité par rapport au bilan du gouvernement Hollande. Je voulais défendre les avancées dans le domaine fiscal et social plutôt que de s'enfermer, à l'époque de Manuel Valls, matamore de l'irréconciliable, dans la loi Travail et le discours anxiogène sur le salafisme et le terrorisme, même si la menace devait évidemment nous mobiliser. J'en fus rapidement dissuadé.

Emmanuel Macron, alors ministre de François Hollande, avait bien compris ce besoin d'optimisme et dans ce contexte il a créé son espace, poussant François

Hollande à la non-candidature. La primaire du Parti socialiste solda le quinquennat avec la victoire de Benoît Hamon qui obtint 6 % au premier tour de la présidentielle, marquant ainsi l'échec de la fronde.

Écrasé par les 19 % de Jean-Luc Mélenchon, le Parti socialiste d'Olivier Faure systématise la contestation du quinquennat de François Hollande et l'effacement politique du PS derrière EELV, avec la candidature de Raphaël Glucksmann aux européennes. Cette stratégie de l'effacement serait un processus logique si l'on considérait que l'écologie politique française était en mesure de faire gagner la gauche. Le résultat des départementales et des régionales, après d'autres rendez-vous, marque l'échec de cette stratégie.

À droite, les Républicains tiraillés entre la ligne Sarkozy et Juppé ont voté pour François Fillon et son programme très libéral. La victoire était pratiquement acquise mais on connaît la suite. Tout cela aura marqué le contraste évident avec la jeunesse, la détermination d'Emmanuel Macron, son épopée individuelle qui ne s'est pas embarrassé des vieux débats mais a créé du neuf en incarnant la modernité et l'élan européen. Pourtant, cette ligne du « en même temps » n'a pas donné naissance à un nouvel espace politique. Au contraire, elle conduit mécaniquement à des risques d'atrophie démocratique et à une bipolarisation du débat entre le président Macron et le Rassemblement national.

Depuis, la stratégie d'Emmanuel Macron est claire : il cherche à installer toujours un peu plus cette dualité de la confrontation avec le Rassemblement national. Il est même prêt à perdre une partie de son originalité en reprenant le débat sans idées sur l'immigration, les gesticulations du ministre de l'Intérieur, l'insistance pour pousser les réformes des retraites et d'assurance chômage en pleine crise sanitaire. Il ne suffit pas de le constater ou de le regretter. Il ne suffit pas non plus de dire qu'il faut se rassembler pour ne pas avoir de deuxième mandat de Macron et conjurer le sort qui est prédit d'un second tour avec Marine Le Pen sans comprendre pourquoi il en est ainsi. Le pire pour les opposants à la fatalité de cette issue politique c'est de voir que 70 % des Français considèrent que cette conclusion est écrite, tout en étant 70 % à ne pas la souhaiter. Depuis les élections régionales, ce scénario a du plomb dans l'aile, même si personne ne sait vers qui se tourneront les abstentionnistes. En tout état de cause, il y a un espace pour retourner les insatisfaits, à condition de se poser des questions sur la qualité du projet politique et de la cible électorale qu'on souhaite atteindre. Je considère qu'il y a une faiblesse de l'ordre politique de gauche aujourd'hui.

J'ai toujours considéré qu'en politique il fallait s'interroger sur les raisons d'une défaite plutôt que de trouver des excuses. En l'occurrence, pourquoi la gauche et les écologistes sont-ils si peu attrayants et dans l'incapacité de mobiliser un électorat qui semble pourtant disponible ? Le résultat des régionales a confirmé que des projets clairs et incarnés étaient la solution pour gagner, en contradiction avec la ligne portée depuis trois ans par Olivier Faure. Cette ligne, qui a positionné le PS derrière les Verts, a conforté les écologistes au premier tour, sans possibilité de concrétiser des victoires. Pour la gauche et le PS aujourd'hui, la question est de sortir de la domination politique et culturelle de LFI et de l'écologie. Si nous voulons que la gauche retrouve des couleurs lors de la présidentielle, il faut que le PS retrouve une place politique affirmée.

Pour la gauche, la domination politique et culturelle de l'extrême gauche a commencé par le travail de sape des frondeurs pendant le quinquennat et par celui d'une écologie politique qui, en France, nous coupe des couches populaires. Le résultat est celui que l'on connaît aujourd'hui avec notre faiblesse électorale.

L'enjeu pour le PS, c'est de faire revenir un électorat réfugié dans l'abstention et dans le vote Macron et il y a matière puisqu'à la fin du quinquennat, les choix fiscaux sont des choix fidèles à l'idéologie libérale : la suppression de l'impôt sur la fortune, le prélèvement forfaitaire sur le capital (une erreur dans le contexte de taux d'intérêt égal à zéro), la suppression totale de la taxe d'habitation, le remplacement du crédit d'impôt pour la compétitivité et l'emploi par des baisses de cotisations. Ces baisses représenteront plus de 60 milliards d'euros sur le quinquennat sans aucun objectif durable. Elles creusent même les inégalités dans un moment où elles sont déjà profondes et ne définissent pas un progrès partagé, mais au contraire une fuite en avant vers une individualisation des politiques publiques.

À cet égard, la métaphore des « premiers de cordée » caractérise bien la politique qui a été conduite. De même, les réformes des indemnités chômage et des retraites par points individuels font bouger notre modèle social dans une affirmation continue de l'idée que tout passe par des réformes et par la loi. En réalité, peu de confiance est accordée aux « derniers de cordée », qu'il faut tirer, alors qu'il faudrait, selon les premiers de cordée, qu'ils ou elles se bougent. Ces réformes posent le postulat que notre modèle social est trop cher, pas assez incitatif et stimulant pour les Français et les Françaises, qu'il implique donc des réformes profondes. La question pour moi est plus de penser l'adaptation par la négociation, le dialogue social, l'innovation sociale au sein des entreprises et surtout des branches que de vouloir, mécaniquement et par la loi, réformer notre modèle social. Tout cela ne ressemble pas à un nouveau monde mais à de vieilles recettes sans rapport avec les enjeux du présent, et dont un risque d'incompréhension de la part d'une majorité des Français n'est pas exclu.

En début de quinquennat la double stratégie d'Emmanuel Macron, à la fois libérale sur le plan économique et culpabilisante sur le plan individuel avec la taxe carbone et son « tu n'as qu'à traverser la rue pour trouver du travail », a conduit à une révolte qu'il a qualifiée, dans *Zadig,* de « jacquerie ». Cette crise l'a cependant obligé à une correction de trajectoire de 10 milliards, qui ne serait pas arrivée avec moins de certitudes et un peu plus d'écoute. Mais dans ce début de quinquennat, la victoire électorale avait pour toute la République en marche le goût de la puissance, des certitudes, du nouveau monde qui allait tout changer par rapport à l'ancien monde moqué et occulté. La France allait naître là avec un général en chef jeune, dynamique et son envie de changer les choses. Oui, mais cette ambition et cette forme de mépris, d'incapacité à comprendre qu'entre la fin du mois et la fin du monde il y avait l'océan des difficultés à vivre, conduiront à la crise des Gilets jaunes. La lave jaune de la colère a fait son irruption dans le débat public et dans la rue avec malheureusement son lot de violences extrêmes autour d'un Arc de Triomphe noyé dans les gaz lacrymogènes. Eh oui, gouverner la France ne se fait pas à marche forcée !

Mais la gauche de l'opposition frontale aurait tort de considérer que ce n'est qu'à Emmanuel Macron que s'adresse le message. Les écologistes et les tenants de la taxe carbone doivent réfléchir. On ne peut pas, au nom de l'environnement, mettre en place un impôt indirect de plus, car ce sont les plus modestes qui en paient le prix et qui le disent avec des Bonnets rouges ou des Gilets jaunes. Rien de tel pour engendrer la colère, la révolte et la fracture entre élites et couches moyennes et populaires. Partout dans le monde, les difficultés du quotidien s'expriment et la question écologique doit être pensée dans ce contexte comme un progrès et non pas comme une punition ou une charge fiscale de plus. Les Bonnets rouges étaient farouchement opposés à l'écotaxe, les Gilets jaunes étaient farouchement opposés à la taxe carbone pour de bonnes raisons. Comme l'a dit le secrétaire général de la CFDT, Laurent Berger, elles « plombaient » leur « pouvoir de vivre ».

Ces mouvements ont exprimé d'autres revendications et de puissantes angoisses, celles des femmes seules, des salariés précaires, des petits artisans, des employés qui ne progressent plus, des auto-entrepreneurs qui ont tout perdu, des ruraux qui se sentent oubliés, des agriculteurs qui se sentent méprisés. Face à leurs doutes et à leurs difficultés individuelles à boucler leurs fins de mois, face à la peur du déclassement, ils ont manifesté sur les ronds-points, symboles de leur singularité, avec au début le soutien majoritaire de la population française, leur colère contre les choix politiques opérés. Ils ont été nombreux, ceux qui croyaient pouvoir récupérer le mouvement des Gilets jaunes. Personne n'y est parvenu, pas même les Gilets jaunes eux-mêmes, tant l'atomisation des situations est grande. Deux revendications ont presque fait l'unanimité : le retour de l'ISF pour qu'il n'y ait pas que les modestes qui paient et le RIC pour remettre en tant que de besoin le système en cause. Le résultat des élections européennes en mai 2019 est venu clore politiquement ce premier chapitre de crise par une victoire, d'une courte tête mais une victoire, du Rassemblement national devant Emmanuel Macron dans une dialectique entre élite et peuple qui n'est pas démocratiquement durable. Le résultat des écologistes, quant à lui, a confirmé que la question environnementale reste l'une des causes mobilisatrices sur le plan électoral, des jeunes en particulier. Les élections municipales, départementales et régionales avaient déjà rappelé la faiblesse structurelle de l'assise politique de la République en marche. Une confirmation de fait, non pas d'un retour à un clivage plus traditionnel mais d'un désintérêt croissant d'une partie de l'électorat, qui s'est concrétisée par une abstention massive.

La première partie du quinquennat Macron a ainsi été marquée par l'accélération des réformes libérales. Il s'agissait d'agir vite. Vouloir faire vite et presser tout le monde, les corps intermédiaires en premier lieu, a été une erreur fatale pour Emmanuel Macron car l'impatience du pouvoir est contraire à la bonne gouvernance et cet emballement s'est retourné contre celui qui l'avait théorisée. S'il s'en est rendu compte pour la seconde étape de son quinquennat, il reste dans une irrépressible envie de bousculer les choses, de marquer l'histoire en confondant la sienne et celle de la France.

Au bout du compte, j'en suis de plus en plus convaincu, il y a un immense besoin de restaurer le respect et surtout de prôner l'action de long terme en sortant de l'impérieuse pression de l'immédiateté. Voilà pourquoi l'idée de progrès réel et tangible est toujours d'actualité, ou plutôt d'une absolue nécessité, en particulier si nous voulons relever l'indispensable défi de sortie de crise sanitaire et de lutte contre le réchauffement climatique. Nous devons, dans cette phase dangereuse démocratiquement, retrouver la voie d'une nouvelle croissance et un modèle de développement nouveau.

La question sociale et la question politique sont directement liées à cette notion de classe sécurisée et insécurisée. Nous devons proposer un nouvel ordre économique pour que cette classe insécurisée se sente pleinement intégrée dans le destin économique de la France. Contrairement aux « premiers de cordée » et à la théorie du ruissellement, je propose la stratégie économique de la France durable.

Partie II

LA STRATÉGIE ÉCONOMIQUE POUR UNE FRANCE DURABLE

La crise sanitaire que nous traversons porte en elle trois risques. Celui d'un chaos social bien sûr, psychologique aussi, en particulier chez les jeunes, et enfin politique avec une démocratie déjà fragile et une société de plus en plus violente. L'économie, en tout cas pour l'instant, va rebondir ; encore faudra-t-il être là pour orienter l'immense énergie qui a été emmagasinée et l'investissement vers l'emploi et la transition économique. Mais avant cela on déplore déjà plus de dix millions de pauvres et chaque maire, je le sais, a en mémoire les files d'attente d'hommes et femmes devant les associations caritatives pendant toute cette crise. Ce contexte risque de peser lourd dans le bilan post-Covid avec le creusement mécanique des inégalités. Tant que l'on est dans la crise, le virus submerge tous les débats et tous les enjeux mais, lorsque la dernière vague sera passée, sans nul doute apparaîtra l'étendue des dégâts. Parallèlement, les plus riches ont vu leur richesse s'accroître et les écarts vont donc se creuser. Esther Duflo le dit clairement et je partage pleinement son avis : la question des inégalités va être au cœur de l'après-crise, car elles se sont accrues et vont atteindre les limites politiques de l'acceptable. Constat cruel à propos de la théorie du « ruissellement » qui est devenue celle de « l'enrichissement ».

La question qui se pose alors à la gauche est de savoir comment gérer cette phase qui s'ouvre en gardant à l'esprit le sérieux nécessaire pour administrer un grand pays comme la France, sans tomber dans le fossé des mesures démagogiques, des ruptures brandies avec le monde d'avant mais avec les mêmes idées qu'hier. La gauche dans ce domaine donne l'impression de se surpasser et il faut ramener tout le monde à un peu de raison, d'efficacité dans cette phase sociale et économique délicate. Les Français le savent et ne donneront pas les clefs de la grande maison à n'importe qui, ils et elles l'ont déjà montré lors des dernières élections. Je propose de contredire les fausses bonnes pistes qui sont évoquées dans ce domaine.

Ainsi face aux besoins et aux problèmes, dans une même volonté de renverser la table, une partie de la gauche propose d'annuler la dette. Cette dette est structurelle ; elle s'est accumulée au fil des ans depuis la crise des subprimes de 2008, qui a fait exploser la dette en France de 60 % à près de 100 % en 2012 sous Nicolas

Sarkozy. Cela a d'ailleurs conduit François Hollande, afin d'éviter à tout prix qu'elle n'excède les 100 % du PIB, à passer par des augmentations d'impôts et une réduction de la dépense publique. Trop drastiques, ces mesures ont compromis la reprise économique prévue en 2014 et ont empêché d'inverser la fameuse courbe du chômage pendant le mandat. C'est Emmanuel Macron qui a finalement profité de ce décalage dans le temps de la reprise et de la croissance, avec une baisse forte du chômage les deux premières années de son mandat. Cela coûtera son quinquennat à François Hollande. Cette fois-ci, il faut donc être moins pressé de réduire l'impact de la deuxième dette et s'inscrire dans le temps long.

La seconde crise, c'est celle que nous traversons aujourd'hui et qui va représenter près de 250, 300 milliards d'endettement supplémentaire. Les dettes de ces crises sont d'abord des contreparties de la création monétaire des banques centrales. Pour l'Europe, c'est la Banque centrale européenne qui la détient puisqu'elle l'a émise. Dire qu'on supprime la dette, c'est affaiblir le bilan de la Banque centrale et sa capacité à garantir la valeur de la monnaie. D'autre part, laisser penser que la monnaie qui circule n'a plus aucun lien avec rien et qu'il suffit de faire tourner la planche à billets pour résoudre les problèmes est, on le sait au regard des expériences historiques, très dangereux.

La valeur d'une monnaie n'est qu'un consensus de confiance envers un outil d'échange. Si on perd la confiance c'est la dépréciation monétaire et la crise majeure. Il faut donc y réfléchir à deux fois avant de s'engager sur cette voie. D'autant que les pays européens, l'Allemagne en tête, vont tout faire au contraire pour préserver la valeur de l'euro en stoppant le moindre risque de déstabilisation monétaire. C'est le premier obstacle posé à la question de la suppression de la dette. Ce n'est pas simplement pour une question de législation européenne, ou de taux d'intérêt aujourd'hui historiquement bas, mais parce que c'est un processus sans fin et déstabilisant pour tout le monde. D'autant que si on le fait pour les dettes d'État, pourquoi ne pas le faire pour les dettes des collectivités locales et ensuite les dettes privées ? Rembourser une dette n'est jamais un plaisir, sauf si les investissements qu'elle a permis génèrent la richesse qui rembourse la mise de départ.

Enfin si, dans la foulée, la France continue à devoir emprunter, ce qui sera le cas, il sera difficile de le faire à condition égale en annonçant que l'on ne veut plus rembourser nos emprunts. Car ce ne sont pas les Français qui financent majoritairement nos besoins, mais des fonds qui viennent d'ailleurs.

Pour ces raisons, c'est faire une erreur que de penser que les plus riches seront les plus sensibles à la suppression de la dette. Ce sont eux qui courent le moins de risques, ils jouent avec toutes les monnaies. Non, c'est le peuple des couches moyennes et populaires insécurisées qui sera atteint, celui qui ne supporte pas d'insécurité supplémentaire et qui veut au contraire qu'on le protège et qu'on préserve sa petite épargne issue de ses grands efforts et de son travail. C'est une angoisse refoulée chez beaucoup de nos concitoyens qui apparaît parfois au détour de conversations du quotidien.

Je m'en étais aperçu au Mans au marché du Pâtis Saint-Lazare. À ma grande surprise, juste après le Brexit, un vieux paysan que je connais bien m'a interpellé :

« Stéphane, on ne va pas perdre l'euro ?

— Pourquoi tu dis ça ?

— Les Anglais s'en vont, ils ont voté le Brexit.

— Oui, mais ils ne sont pas dans la zone euro, ils n'ont pas l'euro.

— Tant mieux ! »

Je m'interrogeais, que voulait-il dire ? D'abord, il était inquiet et sensible à ce qui venait de se passer et surtout préoccupé par une dépréciation de la monnaie. En bon paysan sarthois, il était soucieux pour son épargne. Cet attachement a été confirmé bien plus tard par l'étude de Daniel Cohen[1], qui a montré un attachement des Français à l'argent sans rapport avec les autres peuples

1. Daniel Cohen, *Les Français et l'argent*, Albin Michel, 2021.

européens, c'est-à-dire en réalité à l'épargne qui concrétise un pessimisme qui est aussi le plus élevé d'Europe. C'est une vérité de toujours et une recherche de sécurité supplémentaire, pas pour les plus riches, mais pour les insécurisés, liées à l'inquiétude, au pessimisme, aux doutes de toutes sortes, à la défiance même dans le politique en France, qui n'ont pas d'égal dans les autres pays européens. Le refuge, la protection viennent alors de l'épargne, qui est clairement maintenant en euro, car il n'y a plus de doute sur la valeur de la monnaie européenne.

Là encore, il faut bien analyser les choses pour comprendre le changement de pied du Rassemblement national sur la question de la dette et celle de l'euro. La gauche sécurisée se trompe encore une fois en prônant la facilité de la suppression de la dette. J'imagine l'idée qui les pousse : cela permettrait en quelque sorte d'effacer la crise et de repartir comme par le passé dans une fuite en avant où le déficit et la dette sont des variables sans conséquence, et où seule compte la capacité redistributive des États.

Il est d'ailleurs frappant de voir que cette gauche n'évoque jamais de limite, ni pour le déficit budgétaire ni pour la dette, puisque l'essentiel est dans la redistribution censée résoudre à la fois la lutte contre les inégalités et le soutien à la croissance par la consommation. Elle ne parle pas d'investissement, c'est-à-dire de dynamique nouvelle pour toute la société sans laquelle il n'y a pas d'évolution possible de changement, comme si tout était seulement lié à la consommation des ménages. Nous avons au contraire besoin d'une formidable force d'investissement. À la sortie de la crise, la France aura un déficit de plus de 9 % et une dette proche des 120 % du PIB.

Je ne suis pas favorable à cette suppression de la dette qui ne sert à rien, sauf à se mettre encore plus en difficulté. Il s'agit pour moi d'une forme de respect des classes sociales que la gauche veut représenter et de ne pas annoncer des choses qui sont contraires aux intérêts des plus modestes de notre pays.

La solution, c'est donc d'isoler la dette Covid directement liée à la pandémie et de la rembourser doucement sur trente années. Ne pas la mélanger avec les autres dépenses fiscales comme le fait le gouvernement aujourd'hui, mais y intégrer clairement la dette sociale, liée elle aussi à la pandémie, afin d'éviter de faire peser demain sur la sécurité sociale le poids du financement de la crise. Cette nouvelle dette Covid va probablement s'élever à 189 milliards d'euros, somme qui a été absolument nécessaire pour éviter l'effondrement de l'économie, tester, vacciner et soutenir socialement des Français en grande difficulté. C'est pourquoi il est déplacé de vouloir mener les réformes de l'assurance chômage ou de revenir avec insistance sur la réforme des retraites, comme si pour résoudre une partie de l'endettement et du coût de fonctionnement de notre système social, il fallait faire payer ceux qui ont pourtant été les premiers pénalisés par la crise.

À l'échelle européenne, cette dette a été massive et supérieure à 1 000 milliards d'euros, fruit de la politique suivie par la BCE. Elle a permis d'inonder de liquidités les États, et les économies ont pu emprunter avec cette monnaie disponible, sans impact sur les taux d'intérêt qui resteront modérés encore un temps, car pointe déjà une légère inflation liée à la reprise.

Cette manne financière est apparue pour bon nombre de nos concitoyens comme miraculeuse, les milliards pleuvaient sans retenue et sans limites apparentes, dans une contradiction avec les discours des mois et années précédents. Il sera difficile de revenir à l'orthodoxie budgétaire sans courir le risque de voir exploser les incompréhensions. D'autant que cette liquidité s'est ajoutée à celle déjà injectée, après la crise des subprimes de 2008, qui avait eu pour conséquence d'accentuer la montée, par un « effet siphon et vases communicants », des valeurs mobilières (bourse) et immobilières (logements). Les riches et ceux qui ont du capital vont s'enrichir et la spéculation a de beaux jours devant elle. Les gagnants d'hier vont encore gagner plus demain, creusant un peu plus le fossé entre nos classes sécurisées et insécurisées. Si je regarde les gains boursiers entre 2009, début de la politique d'assouplissement monétaire, et aujourd'hui, l'indice Dow Jones sera passé de 6 500 points à 35 000 points, c'est-à-dire que les gains auront été plus que quintuplés sans aucune mesure avec l'évolution de la richesse produite aux États-Unis sur la même période.

C'est cela qu'il faut changer urgemment pour que les capitaux investissent dans le nouveau modèle de développement et pas dans l'accumulation de la richesse patrimoniale. Car ce phénomène a une autre conséquence plus pernicieuse. La journaliste économiste Myret Zaki fait une analyse assez juste en expliquant que ce phénomène produit de l'inflation sans augmenter les prix, ce qui est une première en théorie, mais en théorie seulement.

En réduisant la part de la richesse captée par le travail au plus grand profit du capital, l'évolution des salaires (surtout des bas) est contrainte, ce qui de fait conduit à une perte graduelle de pouvoir d'achat et équivaut en quelque sorte à une « inflation négative ». Je rappelle d'ailleurs aux champions de l'inventaire et de l'effacement du quinquennat de François Hollande que, pour la première fois, le taux marginal d'imposition sur le capital était égal à celui du travail. Il faut y revenir.

D'autre part les exigences de rentabilité et de rendement des actionnaires ne peuvent plus être aussi différentes de la réalité de l'économie réelle. Les rachats internes d'action, les OPA hostiles qui se multiplient, la spéculation des milliardaires qui font flamber le bitcoin sont les symptômes de la dérive de la finance et de sa déconnexion de l'économie réelle, ainsi que ceux d'une mauvaise utilisation des liquidités disponibles.

Voilà pourquoi la politique fiscale engagée par Emmanuel Macron en début de mandat trouvera là une raison objective de plus d'être contestée. La baisse de l'ISF et surtout le prélèvement forfaitaire unique sur les revenus du capital deviennent des dépenses fiscales qui concourent directement à l'asymétrie des trajectoires des populations dans le pays et au sein des territoires. Et ce, sans aucun impact sur ce que le président a appelé le ruissellement.

Le tissu économique risque d'être touché par des fermetures d'entreprises, des pertes d'emplois à cause du redécollage lent, voire très lent de certaines filières, conséquences économiques directes des confinements, en particulier dans la restauration, la culture, l'événementiel, le tourisme. Le chômage va s'amplifier, l'insécurité des classes populaires et moyennes s'accroître. Cette situation, aussitôt que sera décidée la levée des aides au chômage partiel et que s'engagera le remboursement des prêts garantis par l'État, est une zone de turbulence qui débutera à l'automne pour se prolonger tout le premier semestre de l'année 2022, sans que l'on puisse mesurer à ce stade ses conséquences en termes économiques et sociaux.

Ainsi, la situation post-crise de l'endettement des entreprises sera un indicateur de la situation économique, et de la manière dont on va la traiter dépendra la réussite du redressement du pays et plus largement de l'Europe. En effet, cet endettement des entreprises doit nous obliger à revoir les conditions de crédit, du risque à prendre, des fonds propres à apporter pour créer les conditions d'une relance réussie pour une nouvelle croissance, la croissance sûre.

La crise sanitaire a été marquée par une épargne supplémentaire importante de près de 160 milliards d'euros des 20 % des Français les plus aisés. C'est une épargne souvent liquide qui va être un enjeu de la sortie de crise. Va-t-elle se déverser dans une reprise de la consommation qui agira comme un vaccin contre la déprime avec l'envie formidable de liberté, d'échanges, de voyages ?

Je le pense en partie, mais avec le risque que cette flamme vitale ne soit qu'un feu de paille avant un ressac. Cela contredit encore une fois, et je le note, l'appel à la sobriété qui sera difficile à imposer après une telle période. Il faut penser à rendre utile cette épargne disponible qui doit servir à relancer la consommation et, comme je le répète depuis le début, à investir pour l'avenir avec détermination et optimisme.

Après une telle crise, il faut anticiper le besoin de retrouver la vie, la liberté, celui d'échanger, de se déplacer, de faire la fête, de sortir. Il faut que cela s'exprime mais sans perdre de vue le cap de la lutte contre le réchauffement climatique. J'aurai une proposition à faire s'il existe un surplus de recettes de TVA en 2022 par rapport à 2019. En premier lieu, au renforcement du budget de la culture, pour assurer une reprise culturelle forte et continue, et ensuite au soutien de la recherche dans le domaine de la santé et des énergies nouvelles par l'intermédiaire de la BPI.

Si l'on regarde outre-Atlantique, celui que Trump avait à tort surnommé *Sleepy Joe* est en train de réveiller tout le monde avec son plan d'investissement rooseveltien. Il a remis sur la table un impôt minimal sur les sociétés qui a été dans la foulée adopté par le G7. C'est une petite révolution post-reaganienne et thatchérienne à laquelle nous assistons légèrement médusés. Il ne s'agit surtout pas, comme souvent, de copier, car les sommes mises sur la table sont sans commune mesure avec ce que l'on peut faire en Europe, et d'autre part cela ne servirait à rien puisqu'une grande partie de cette demande supplémentaire du plan Biden va surtout stimuler les importations.

En France et en Europe, nous devons faire des choix économiques stratégiques pour la conversion de notre économie. Je propose un grand plan qui reprenne une stratégie fiscale plus juste pour les ménages et les entreprises ; une stratégie de croissance sûre qui permette l'investissement massif pour la durabilité de nos modèles de développement. Si l'on veut réussir cette mutation profonde, nous devons réorienter la finance, les entreprises, la recherche et la société tout entière en plongeant tout le monde dans une ambition durable.

UNE STRATÉGIE FISCALE PLUS JUSTE POUR LES MÉNAGES ET POUR LES ENTREPRISES

La stratégie fiscale française va être un enjeu important du nouveau quinquennat pour notre pays et nos compatriotes. C'est d'autant plus justifié qu'il faut corriger, je l'ai dit, l'effet d'accumulation du capital entre quelques mains, partager l'effort demandé pour sortir de la crise et relever le défi du réchauffement climatique.

Il faut rassurer les Françaises et les Français en proposant la stabilité des baisses d'impôt engagée par le gouvernement précédent en particulier sur la taxe d'habitation, de même que, pour les entreprises, sur la baisse du taux de l'impôt sur les sociétés et la baisse des cotisations sociales. Mais aucune autre baisse ne sera engagée, ni pour les entreprises ni pour les ménages durant les cinq prochaines années.

La seule entorse à ce principe portera sur la fiscalité du capital. Elle doit être changée avec un retour à une fiscalité progressive sur le capital en annulant le prélèvement unique à 30 %. C'est une nécessité politique pour un partage de l'effort contre l'accumulation patrimoniale mobilière et avec le maintien de l'impôt sur la fortune immobilière. On doit corriger et mieux équilibrer l'effort contributif de chacun pour lutter contre le creusement des inégalités et mobiliser des recettes supplémentaires afin de soutenir les dépenses publiques. De la même manière sera revue pour les plus hauts revenus la fiscalité sur les plus grosses transmissions pour les accélérer.

Car les autres taxes – la crise des Gilets jaunes l'a démontré pour la taxe carbone – sont un impôt indirect qui a atteint sa limite politique et surtout son acceptation sociale et au sujet desquelles il va falloir être clair pour les cinq ans qui viennent. Je note d'ailleurs avec satisfaction que des économistes de gauche revoient en ce moment leur copie en prônant, comme facteur clef de la fiscalité écologique, la justice dans l'effort fiscal à consentir. Mais même l'idée de la redistribution après prélèvement ne marche pas. Fiscaliser les plus pauvres en leur disant ensuite qu'on va leur redonner d'une autre main ce qu'on leur a pris, c'est incompréhensible. Pour moi, il est absolument évident que ce n'est pas par la fiscalité sur les ménages que l'on peut sérieusement intégrer les coûts liés au réchauffement climatique, sauf à exercer une pression fiscale tout simplement insupportable pour la majorité d'entre eux. Ce que nous avions nous-mêmes imaginé avec la contribution climat énergie en fiscalisant le carbone et qui a été repris sans précaution par Emmanuel Macron a conduit à une révolte, ou comme le dit le président dans *Zadig*, à « une jacquerie ». La commission européenne avec son pacte vert et l'accent mis sur l'enrichissement des quotas carbone semble l'avoir oublié.

C'est pourquoi, de mon point de vue, la fiscalité écologique doit être conçue comme l'outil de la compétitivité des énergies renouvelables par rapport aux énergies fossiles et pas autre chose. Surtout pas comme une recette fiscale nouvelle pouvant se substituer au nom de la lutte contre les énergies fossiles aux cotisations sociales. Le signal prix est le seul qui doit être retenu aujourd'hui. L'idée de progrès pour les socialistes et la gauche doit rester l'élévation globale du niveau de vie dans toute la société, en même temps que la réduction des inégalités et pas le contraire, surtout si c'est pour sauver la planète et donc l'humanité.

La politique qui a été suivie, depuis l'élection d'Emmanuel Macron et de l'omniprésent Bruno Le Maire pour les entreprises, a été classique, libérale avec des baisses de l'IS, la transformation du CICE en baisse de cotisations sociales avec une année coup double pour les entreprises en 2019, la baisse des cotisations et le versement du CICE pour 30 milliards et enfin la baisse des impôts de production pour plus de 10 milliards. C'est-à-dire une baisse de 50 % de la CVAE[2] et CFE[3] sans vraies raisons, sauf celle de satisfaire une vieille demande du Medef. S'il y a une seule mesure à mes yeux qui mérite d'être retenue, c'est la baisse de la CFE pour les entreprises industrielles afin de relocaliser et réindustrialiser la France. Au contraire, la baisse de la CVAE pour 7 milliards en faveur de toutes les entreprises et particulièrement celles de services, banques, assurances, est inutile. Elle est coûteuse dans un secteur qui dégage des marges, mais qui doit être en priorité mobilisé pour soutenir la reprise économique et l'éco-investissement. De même, il est quand même cocasse que cette dépense soit intégrée par le gouvernement dans les 100 milliards du plan de relance comme si c'était lié à la pandémie. Bien sûr que non.

Je propose d'ailleurs, pour favoriser l'investissement dans la modernisation des transports collectifs, que cette baisse de la CVAE permette aux collectivités organisatrices des mobilités d'augmenter le plafond actuel du versement mobilités pour investir dans la transformation des modes de transport et des énergies nouvelles. Une discussion doit s'ouvrir sur ce sujet.

---

2. Cotisation sur la valeur ajoutée des entreprises.
3. Cotisation foncière des entreprises.

La droite au contraire, comme nous l'avons dit précédemment, veut poursuivre dans sa proposition de baisse des impôts de production. On est dans une surenchère délirante quand on ne tient compte que de la compétitivité liée à la baisse des impôts pour des sommes colossales, alors que le secteur bancaire français a dégagé des résultats nets qui sont bien au-delà des résultats des autres banques en Europe. À quoi bon gaspiller des milliards pour des secteurs qui ne souffrent d'aucune concurrence internationale ?

Les pistes de réflexion de la droite sont toujours les mêmes, mais elles sont datées, coûteuses, inefficaces ; elles correspondent à une vision sans impact sur la nécessaire réinvention de notre modèle de production. Ainsi, pour tout le système bancaire, la question va être celle de son implication dans la transition énergétique. Pour cela, la part liée à la baisse des impôts de production doit trouver son équivalent dans la RSE (responsabilité sociétale des entreprises) et dans les financements d'investissements dans la transition énergétique.

LA STRATÉGIE ÉCONOMIQUE DE L'APRÈS-CRISE : LE CHOIX DE LA CROISSANCE ET DE L'INVESTISSEMENT

Dans ce monde en mutation et en perte de sens, le socialisme du XXIe siècle doit être celui d'un nouveau paradigme de la croissance, car il a été l'accompagnateur des ouvriers des grandes industries partout sur la planète. La condition sociale et la production étaient le cœur de l'action politique qu'ont conduit les socialistes dans le monde industriel. La croissance, c'était la diffusion du progrès social et de l'espoir, en opposition à la crise et à la récession.

Après la révolution industrielle, la mondialisation a conduit le monde vers une frénétique conquête de progrès. Cela a abouti à une production effrénée au détriment de l'écologie et à une commercialisation en tous lieux de produits polluants, dont les plastiques dans les océans en sont le symptôme flottant.

Pourquoi, dans ces conditions, poursuivre sur le même chemin ? Profitons-en pour changer de modèle de développement ! Le monde n'avance plus aussi vite, comme si le sommet d'un cycle avait été atteint avec un risque de retournement et de déstabilisation. Les pays industrialisés sont au ralenti et plongent une grande partie de leur population dans l'impasse du présent, sans issue pour l'avenir. L'idée de progrès disparaît dans un néomalthusianisme poussé par la résignation, le ressentiment, la menace de la sobriété comme seul chemin à suivre.

Dans ce contexte politique, une porte s'ouvre pour une gauche écologiste et réformiste si elle accepte de repenser son modèle, son discours et sa conception de l'avenir ; et si elle accepte de trancher des débats qui, récurrents depuis trente ans, deviennent insupportables au vu des enjeux actuels. C'est pour cela que le socialisme démocratique français doit se redresser en gardant ses valeurs, son histoire, et retrouver avec l'écologie cette idée fondatrice du progrès et d'une « croissance sûre » dans une construction internationaliste et européenne.

Car la croissance à l'échelle d'un pays et à l'échelle planétaire est l'une des clefs d'un progrès partagé. La crise sanitaire avec la découverte de vaccins et ensuite l'approvisionnement en doses a montré une fois de plus la nécessité d'avoir une vue rationnelle sur les choses. Là où la recherche a été performante, les entreprises innovantes agiles, les industries disponibles pour produire à grande échelle, des solutions ont été trouvées. Pour partager ce progrès avec chaque peuple, il faut des mécanismes de régulation et une éthique politique à l'échelle mondiale afin de diffuser ces vaccins partout.

L'enjeu politique c'est de déterminer la forme de ce progrès et la nature de cette croissance. Jean Viard indiquait récemment qu'il pensait que le nouveau clivage politique se ferait entre les tenants de la croissance et ceux de la décroissance. Nous y sommes.

Le développement économique passé s'est produit sans intégrer la limite des ressources naturelles ou plutôt en se contentant de consommer sans limites celles qui étaient nécessaires, dans une logique d'économie minière et de prélèvement sur stock plutôt que de réfléchir sur une économie de flux. C'est la grande révolution technologique qui doit s'opérer dans les dix années à venir, comme l'indique le rapport de l'AIE. Charbon, pétrole, terres rares doivent céder la place au soleil qui est la priorité, au vent, aux courants marins et au recyclage. Les calories du ciel, celles du soleil nous échappent aujourd'hui et représentent le « grand gaspillage d'énergie », le plus grave, le plus insensé, avec des surfaces inutilisées où des mégawatts dorment, s'échappent d'autant plus que le réchauffement de la planète chauffe toujours davantage toutes les surfaces, toits, voiries, vitres, parking… « Se hâter vers le soleil » est la priorité, et toutes les innovations doivent être mobilisées dans cette quête essentielle, sans se perdre dans de fausses pistes ou de faux concepts qui font perdre du temps.

Tourner la page de cette phase ne peut pas se concevoir en dénonçant le productivisme, en contestant l'industrialisation de nos économies pour basculer dans le tout-artisanat, le localisme, le maraîchage. C'est oublier facilement que ce type d'économie est appauvrissant pour tout le monde. Toutes les productions de biens et de services sont plus chères lorsqu'il n'y a plus aucune recherche d'économie d'échelle. C'est une erreur que de raisonner comme cela. Il faut défendre l'industrie là où elle est pertinente, nécessaire, et dans le même temps développer toutes les autres formes de production. Dans la santé comme dans l'énergie, l'agriculture, l'agroalimentaire, le commerce, c'est la combinaison qui est à l'ordre du jour.

Dans l'ordre des choses la sortie de crise doit donc être une politique de double choix, utiliser la reprise de la consommation post-crise pour soutenir l'investissement dans la transition énergétique et grâce au retour de la croissance, financer le modèle social.

LA CROISSANCE SÛRE

J'ai appelé cette nouvelle conception la « croissance sûre ». Elle n'est pas la recherche du taux le plus élevé, mais celle de l'optimum, proche de la croissance potentielle sur le temps long pour nous rendre indépendants des énergies fossiles et capables de financer nos modèles sociaux. Assurer le progrès pour tous aujourd'hui, sans remettre en cause la croissance des générations futures, c'est le projet d'une France durable. Nous avons d'ores et déjà accumulé une dette environnementale à long terme qui est une menace pour toute l'humanité. Le manque d'action coûte déjà très cher et se concrétise avec des aléas climatiques de plus en plus fréquents et de plus en plus intenses. Ce coût ne doit pas se faire sous la forme d'une fiscalité additionnelle mais, au contraire, à travers un investissement massif ciblé dans l'efficacité et l'économie énergétique, le développement des énergies renouvelables, et avec l'innovation pour des sauts technologiques essentiels à la décarbonation de notre modèle de développement et de nos économies. Le potentiel de « croissance sûre » réside dans ce choix qui intègre la dynamique économique, l'amélioration du niveau de vie, en même temps que la baisse des émissions de carbone.

Pour cela, nous devrons repenser nos indicateurs de mesure de la croissance. Il faut évaluer, dans le taux de croissance, la part du découplage de la croissance avec celle des énergies fossiles et la part de la contribution à la croissance issue des énergies renouvelables et des nouvelles énergies émergentes. Car le défi climatique est une manière de redéfinir la progression vers un monde meilleur débarrassé des fausses compétitions, des mauvais investissements, de la « mauvaise finance ». On doit permettre à nos concitoyens une lecture des progrès pour créer, susciter l'adhésion.

Nous devons mettre fin à l'ordre historique qui consiste à produire, fiscaliser, puis redistribuer. Il faut au contraire débloquer des milliards d'euros de manière cohérente pour investir dans l'isolation des bâtiments, l'efficacité énergétique globale et le transport durable, car les innovations vont générer des gains de pouvoir d'achat et de la redistribution. Le changement de modèle est à ce prix et l'investissement aboutit à de vrais effets positifs. Ainsi, les dépenses d'investissements durables s'avèrent profondément bénéfiques puisqu'elles sont : écologiques grâce aux économies d'énergies fossiles et à la diminution des rejets carbonés qu'elles permettent ; économiques car elles génèrent de l'activité, de l'innovation technologique et de la compétitivité pour les entreprises ; sociales par la création d'emplois et les gains de « pouvoir vivre » pour les plus fragiles. Les meilleurs exemples en sont les économies de charges sur le transport ou le logement.

Cette triple règle de politique économique que j'appelle « règle de sûreté » devrait s'appliquer dans les débats de loi de finances de manière systématique. C'est la condition de la mise en place d'une loi de finances enfin durable et non pas comptable. Le choix de la « croissance sûre » passe par une politique massive d'investissement écokeynésienne. Investir et maîtriser en même temps les dépenses de fonctionnement nous engagent à fixer des grandes priorités en matière de dépenses : santé, éducation, recherche, culture. La croissance doit voir ses fruits affectés selon la règle chère à Michel Rocard des trois tiers : désendettement, emplois innovation, solidarité et biens communs.

Investir 100 milliards d'euros et réorienter la dépense publique

La dépense publique doit porter sur la transition et l'efficacité énergétiques avec une redistribution directe des gains énergétiques vers les couches sociales les moins favorisées. Il ne doit plus être question d'une fiscalité verte conçue pour être une recette fiscale de plus. À l'échelle européenne, il faudra modifier les statuts de la Banque européenne d'investissement (BEI) pour y ajouter un terme : Banque européenne *de l'environnement* et de l'investissement. Le budget européen, quant à lui, a prévu de consacrer 700 milliards d'euros à une relance de l'économie. À l'échelle nationale, les choix d'investissement, de dépenses cumulées entre l'État et l'Europe devraient atteindre une enveloppe globale de 100 milliards d'euros dont 40 viennent de l'Europe. Mais à ce stade, rien n'est clair dans ce plan de relance, sauf qu'en ajoutant les 10 milliards de baisse des impôts de production, on en serait selon le gouvernement à 26 milliards de dépenses en mélangeant des choux et des carottes. En tout état de cause, ce plan de relance est insuffisant.

Si l'on fait le décompte pour la France de ce qui était déjà engagé, on est loin de l'objectif. Pour avoir un véritable impact dans les énergies renouvelables, dans le logement, le transport, l'innovation et la recherche, il faut 20 milliards nets consacrés dûment à ces projets.

Si l'on veut une véritable transformation énergétique sur les cinq années à venir, il faut 100 milliards d'euros nets de la part de l'État pour la mise de fonds et jouer à plein les effets de levier avec les collectivités locales pour atteindre 200 milliards d'investissement. Si la finance et les entreprises suivent, ce sont plusieurs centaines de milliards qu'il est possible de mobiliser. Ils doivent l'être avec les grandes agglomérations et les communautés de villes et de communes dans le cadre du contrat de confiance durable entre l'État, les régions et les intercommunalités qu'il faut signer en sortant du pacte de Cahors. Celui-ci est en effet un cadre de contrainte budgétaire pour les collectivités alors que l'État dans le même temps, comme l'indique la Cour des comptes, a laissé filer les déficits au-delà de la seule gestion nécessaire de la crise. On doit garantir aux collectivités une augmentation de leurs dotations par l'État à la hauteur de l'inflation contre des engagements dans la transition énergétique. Ce nouveau contrat doit être signé dès le début du quinquennat. Il doit intégrer à la fois les stratégies d'atténuation et de production.

La stratégie d'atténuation, c'est choisir l'efficacité énergétique pour une économie durable, en faire un point central de l'action à conduire, comme une obsession et une chasse continue à faire mieux, à investir, à se connecter pour partager les innovations, et les diffuser, car c'est un élément formidable de compétitivité des entreprises. L'économie et l'efficacité énergétique, avec l'isolation et la réhabilitation des logements, des bâtiments privés et publics, permettront de respecter l'environnement et de gagner du pouvoir d'achat avec, chaque année, l'équivalent d'un mois de loyer épargné. De manière complémentaire, dans une volonté d'optimiser l'énergie solaire et de faire baisser le stock de carbone dans l'atmosphère, la pompe de la photosynthèse des plantes, agricoles, forestières et marines doit nous conduire à un grand projet pour la bioéconomie. C'est-à-dire l'économie de la biomasse sous toutes ses formes. C'est un axe important et à part entière de la politique de transition car notre pays a un gros potentiel dans ce domaine, j'y reviens ensuite. D'autre part, le stockage direct du carbone pour les gros émetteurs concentrés sur certains sites industriels, dont on ne peut pas dans un délai court modifier le *process*, est aussi un élément dont il va falloir tenir compte en testant des technologies nouvelles.

La stratégie de production des énergies renouvelables est un enjeu majeur pour l'avenir industriel de la France. L'Allemagne d'Angela Merkel a fait le choix, après Fukushima, de sortir du nucléaire avec une double compensation : le développement des énergies renouvelables mais aussi celui du charbon. Du point de vue des antinucléaires, c'est un choix judicieux, mais du point de vue de la lutte contre le réchauffement climatique, c'est une erreur. L'autorité de sûreté nucléaire a repoussé de dix ans la durée de vie des centrales, ce qui nous laisse le temps de propulser les énergies renouvelables en baissant drastiquement, dans le prochain quinquennat, le recours aux énergies fossiles. Il faut accepter une part de nucléaire sans en faire, comme par le passé, l'alpha et l'oméga du projet énergétique pour assurer la construction efficace d'un modèle non carboné. La part du nucléaire doit être, en ce qui me concerne, conforme à la loi de programmation de l'énergie avec 50 % de nucléaire dans le mix énergétique électrique pour 2030.

La fermeture de Fessenheim doit être poursuivie afin de mettre en œuvre une vraie filière de démantèlement française. Quand je pense que la centrale à eau lourde de Brennilis, arrêtée depuis soixante ans au centre des Monts d'Arrée, n'est toujours pas démantelée… Son dôme de béton fait maintenant partie, comme une sculpture, du paysage, mais cela pose question. Le démantèlement doit devenir une priorité pour notre pays si l'on veut construire une filière capable de s'occuper des vieilles centrales, en France et partout dans le monde. Quant aux EPR, il faut, comme c'est en cours de réflexion chez EDF et aux États-Unis, revenir à des réacteurs de taille plus modeste.

Investir massivement dans l'innovation

Le « New Deal vert », c'est l'investissement dans la durabilité de nos économies qui est d'autant plus valide que les liquidités émises offrent, avec des taux d'intérêt bas, l'opportunité d'une vaste politique d'investissement. C'est ce que fait l'Amérique aujourd'hui. Les gains liés à l'efficacité énergétique sont des gains diffusables dans toute l'économie publique et privée avec des effets multiplicateurs permettant de réussir la transition énergétique et d'obtenir l'acceptation sociale. Pour opérer ce choix radical aux niveaux national et européen, les énergies renouvelables, la bioéconomie avec la photosynthèse, et l'agroécologie sont des domaines essentiels d'avenir.

Dans *Courrier Sud*, Antoine de Saint-Exupéry écrivait « qu'elle est invisible pour nous, cette course des blés vers le soleil ». Il faut, maintenant, courir vers le soleil. Production de panneaux photovoltaïques nouveaux et bas carbone à relocaliser, développement des verres intelligents pour profiter de l'immense surface offerte par les vitres (qui, côté sud, doivent nous permettre, comme une voile dans le vent, d'avancer, de produire en tout lieu de l'énergie et d'en économiser), développement de la géothermie saisonnière pour capter les calories du sol et ne pas gaspiller cette énergie solaire qui chauffe partout des surfaces qu'il serait utile de transformer en énergie disponible. Le vent et l'éolien, l'éolien offshore, mais aussi les courants avec l'hydrolien et toutes les innovations en gestation comme la thermo-acoustique sont complémentaires mais pas encore matures. Le stockage des énergies renouvelables, considérées comme intermittentes avec l'hydrogène bien sûr, les batteries sont les clefs de la mise en place de réseaux de productions énergétiques pour collecter les surplus de production au moment où les demandes en flux électriques sont faibles. Cette stratégie nécessitera des évolutions, des innovations profondes pour passer de la batterie au lithium (terre rare) à celle au sodium (sel abondant).

Il n'y a aucune fatalité à rester dans l'économie fossile, mais tout à mobiliser pour changer de paradigme énergétique comme l'indique l'AIE. Ce doit être la ligne directrice à adopter et adapter pour la France.

Ainsi le coût prétendument plus élevé des énergies nouvelles est à mesurer en dynamique de moyen et long terme par rapport au pétrole, tout en intégrant les économies que l'on fera en évitant les catastrophes bioclimatiques qui ne manqueraient pas d'arriver avec la poursuite du modèle actuel. Le rapport Stern est la base de départ de cette évaluation coût-bénéfice des nouvelles énergies et de l'avantage financier à tirer de la lutte contre le réchauffement climatique.

Ce que j'ai constaté à une autre échelle, celle de l'agglomération du Mans en lançant le plan solaire en 2018, c'est que la volonté politique, l'organisation des innovations peuvent changer rapidement la donne. Nous étions, quand je suis arrivé en 2018, à un peu plus de 1 000 mètres carrés de panneaux photovoltaïques, nous sommes aujourd'hui à l'horizon de 2022 à plus de 200 000 mètres carrés. De même, pour la première fois sur un gymnase, nous allons investir dans la géothermie saisonnière pour capter les calories du sol, les stocker en profondeur et les réutiliser l'hiver. Nous avons d'ores et déjà un groupement d'achat commun avec Dijon et Angers de matériels hydrogènes ouvert aux autres collectivités, et trois projets sur le territoire de production d'hydrogène vert.

Enfin, un point reste à développer dans une région rurale comme la Sarthe, comme partout en France : c'est la captation de carbone par la photosynthèse et le stockage du carbone par la matière organique dans les sols, ce qui améliore en prime leur fertilité.

Investir dans la bioéconomie, la photosynthèse et l'agroécologie

La France possède la surface agricole, forestière et maritime la plus importante d'Europe. C'est une richesse inestimable en matière de biodiversité, mais aussi en potentiel photosynthétique pour la production de biomasse et de produits biosourcés avec ce que nous appelons la « bioéconomie ».

Je rappelle que c'est le sens du projet que j'ai défendu avec l'agroécologie en tant que ministre de l'Agriculture durant cinq ans. C'est sur la base de la loi que j'ai présentée en 2014 que les fondements de ce projet ont été posés et adoptés à une très large majorité : réduire le recours à la chimie, au machinisme, aux énergies fossiles et utiliser ce qui est gratuit dans la nature pour produire mieux, voire plus selon l'intensité du travail que l'on souhaite. C'est le moyen de combiner les performances, écologique, économique et sociale et de dégager un revenu brut plus élevé pour toute l'agriculture, pour chaque cultivateur. C'est aussi chercher à utiliser de manière optimale l'énergie solaire par la photosynthèse avec les algues dans la mer. Prenons l'exemple de l'élevage, si souvent critiqué par tous les écologistes : on peut, avec les méthodes agroécologiques, stocker plus de carbone qu'on en émet. Voilà qui pourrait calmer ceux qui ne pensent qu'à réduire ou plus sûrement à supprimer l'élevage dans le monde.

On doit combiner le bien-être animal et l'élevage dans des conditions agroécologiques qui participent à l'équilibre agronomique des sols et à leur fertilité. Je rappelle d'ailleurs que l'élevage a précédé l'agriculture et que la polyculture-élevage est essentielle à l'équilibre agronomique des sols. Supprimer l'élevage serait catastrophique pour toutes les agricultures du monde.

L'agroécologie de la loi d'avenir agricole de 2014 sera, à nouveau et de manière forte, la ligne à suivre. Et en particulier, la remise en œuvre des certificats d'économie de phytosanitaires afin de réduire drastiquement la chimie, en même temps que l'on développe pour les agriculteurs les pratiques et méthodes alternatives. D'autre part, il faut poursuivre la couverture des sols agricoles, nécessaire à l'accroissement de la photosynthèse avec le développement des techniques, favoriser les rotations de cultures, la biodiversité qui est utile à la production. C'est ce que font très bien nos amis vers de terre lorsqu'on les laisse travailler pour remplacer la charrue et pour stocker le carbone dans les sols. Lors de la COP 21 j'ai lancé, avec l'initiative appelée « 4 pour 1000 », une dynamique favorable à l'agriculture et aux cultivateurs, pour lutter contre le réchauffement climatique et la faim dans le monde. C'est aussi une manière de protéger et surtout de développer la biodiversité, car pour réussir et arrêter la déforestation il faut des systèmes agricoles productifs et durables en même temps. Les dernières études produites en Grande-Bretagne montrent que les techniques sans labour combinées au travail du sol émettent 30 % de moins de gaz à effet de serre, sans compter le stockage qui complète et accroît le bilan positif de telles pratiques.

Multiplier par trois l'activité photosynthétique : le facteur 3

La photosynthèse est à la base de la bioéconomie et nous devons la développer avec ce que j'appelle le « facteur 3 ». On doit et on peut multiplier par trois l'activité photosynthétique des plantes et des végétaux sur notre territoire en couvrant nos sols, en plantant des arbres pour renouveler et adapter nos forêts mais aussi avec un nouveau plan pour l'agroforesterie qui mixte agriculture et arbre comme au bon vieux temps des bocages. Cette stratégie permettra de développer la biomasse, les produits biosourcés et surtout l'alimentation humaine et animale. C'est un véritable secteur d'activité nouveau et durable, avec l'émergence de filières technologiques, qui serait un atout pour la France et ses surfaces agricoles, forestières et maritimes. J'avais moi-même présenté un plan pour la bioéconomie en 2016 au Conseil des ministres ; il faudra le reprendre et l'adapter en multipliant par trois la capacité photosynthétique de notre pays.

La recherche et la science sont au cœur de la stratégie de croissance sûre

La France a raté dans un premier temps la course à la découverte des vaccins. Cet échec sonne comme une alerte sur notre capacité à porter les innovations de demain, à faire face aux grands défis technologiques à venir dans l'énergie, la santé, l'intelligence artificielle, les ordinateurs quantiques. La politique doit nous conduire à soutenir la recherche en maintenant le crédit d'impôt pour les entreprises et aussi à mieux soutenir la recherche universitaire et tous les pôles de compétitivité. Important dans notre pays, il ne peut plus être conçu uniquement par certaines entreprises comme un avantage fiscal et doit stimuler les initiatives et l'intérêt de toutes pour la recherche et l'innovation dans notre pays.

L'innovation c'est une question de motivation, d'émulation, en quelque sorte de culture, qui passera par des organisations sociales innovantes pour que souffle un nouvel état d'esprit sur la France. L'organisation des branches que je propose sera aussi une structure d'accompagnement de ce processus global. Le crédit d'impôt recherche représente aujourd'hui plus de six milliards d'euros de dépenses fiscales, mais il est trop souvent conçu par les grandes entreprises comme la recherche d'une optimisation fiscale plus que comme une incitation à innover. Je propose donc de plafonner le crédit d'impôt et de le lier à des structures mixtes, collectivités/universités/entreprises, dans une nouvelle étape des pôles de compétitivité et un cadre que nous pourrions appeler Groupement d'innovations économiques et environnementales (GI2E) ou LITD, Lieu d'innovation territorial durable, comme je l'avais fait en tant que ministre de l'Agriculture. Nous créerions ainsi des dynamiques territoriales et de branches professionnelles capables d'assurer les sauts technologiques majeurs, en particulier pour la réussite de la transition écologique.

Responsabiliser la finance et développer l'investissement vert

La finance doit intégrer le coût du réchauffement climatique dans ses choix de placements en même temps qu'elle doit développer son soutien à l'investissement pour sortir de la crise. D'ores et déjà, une finance verte se développe et nous devons tout faire pour l'encourager, mais il faudrait aller plus loin. Les règles prudentielles, qui s'appliquent au système bancaire à la suite de la crise financière, sont potentiellement un frein à l'investissement, et à la relance tout court, après une crise d'une telle nature. Les besoins des entreprises endettées en fonds propres et en prêts seront importants. Les négociations de Bâle III et Bâle IV à venir doivent être l'occasion d'agir pour favoriser le double objectif de soutien de la reprise et d'investissements massifs dans la transition énergétique, la recherche et l'innovation. Ainsi l'assouplissement de certaines règles prudentielles peut avoir un sens mais uniquement avec un but : favoriser dans l'économie la lutte contre le réchauffement climatique, l'efficacité énergétique, les énergies renouvelables. Banques et fonds financiers doivent être soutenus lorsqu'ils agissent dans ce sens et pénalisés lorsqu'ils ne s'en préoccupent pas. Des travaux ont eu lieu au niveau européen au sein de groupes de haut niveau qui ouvrent des pistes intéressantes.

L'évaluation des risques des activités considérées comme non durables (*brown penalizing factor*) se combine avec le renforcement de la qualité des prêts pour lutter contre les émissions de gaz à effet de serre des entreprises (*green supporting factor*) et les financements qui leur sont accordés. D'un côté, le durcissement des règles prudentielles et, de l'autre, leur allègement : l'objectif est de changer durablement la donne de la finance pour l'inciter à accélérer la prise en compte du risque climatique dans le financement de l'économie. Sans ce changement, il ne peut y avoir d'accompagnement financier des investissements publics ; la finance privée doit assumer tout de suite sa part du risque climatique. L'Europe doit être à l'avant-garde dans ce domaine. La Banque centrale européenne doit opérer elle aussi ce changement structurel, car il ne peut plus être uniquement question d'inflation et de parité monétaire, mais bien de sens à donner à l'avenir de notre continent. C'est, semble-t-il, l'intention exprimée par la présidente de la BCE, Christine Lagarde, qui, dans ce domaine, peut faire bouger les choses. Il faut aller plus loin.

Le suramortissement vert

La modification des arbitrages de la finance doit s'accompagner, pour les entreprises, d'une stimulation à investir dans la transition énergétique. C'est un outil essentiel de la « croissance sûre » mais, pour qu'il soit efficace, il doit être ciblé sur l'efficacité énergétique. En effet, les gains de productivité seront distribués dans nos économies et nos entreprises, et bénéficieront donc à nos emplois. Cela m'amène, sur la base de ce que nous avons fait lors du quinquennat de François Hollande, à revoir notre conception des amortissements pour construire une politique de « suramortissement vert » capable de donner de la compétitivité aux entreprises qui, par leurs investissements, réalisent des gains d'énergies fossiles. C'est un projet de stimulation de l'innovation de la recherche capable de mobiliser tous les acteurs, chefs d'entreprise, syndicats, chercheurs. Il s'agit d'une impulsion publique à créer un contexte de changement des centres de profit en y intégrant tous les acteurs mobilisables.

Partie III

LA DÉMOCRATIE LIBÉRALE MENACÉE

Nous vivons probablement la fin d'un cycle, mais pas la fin de l'histoire comme le prédisait Francis Fukuyama avec *La Fin de l'histoire et le Dernier Homme*[1]. Cependant, il n'y a pas eu de victoire par KO de la démocratie libérale. Au contraire, le monde est tiraillé entre les pouvoirs de plus en plus forts de la Chine, la Turquie, la Russie et celui des démocraties qui parfois en font un exercice très personnel, comme actuellement au Brésil avec Bolsonaro ou dernièrement aux États-Unis avec Donald Trump. Enfin, les vieilles démocraties en Europe vivent depuis longtemps sous la menace d'extrêmes droites puissantes. La peur et la colère effacent l'idée de progrès et les valeurs universelles.

On assiste donc à la remise en cause de la démocratie libérale plutôt qu'à son avènement, à l'émergence

1. Francis Fukuyama, *La Fin de l'histoire et le Dernier Homme*, Flammarion, Paris, 1992.

de « démocratures », à la montée des populismes et du nationalisme. L'angoisse des peuples plongés dans les difficultés et les volontés d'affirmation nationale sont des terreaux sur lesquels prospère cette nouvelle menace politique après la phase de la grande expansion mondiale. De plus, les inégalités entre les plus riches et les plus pauvres se creusent à nouveau dangereusement.

Pendant sa présidence, Donald Trump a utilisé le slogan de sa première campagne *America First* comme étendard de sa gouvernance populiste. Il a dépassé la notion de patriotisme et de puissance, traditionnelle aux États-Unis, en avançant l'idée que tous les oubliés du Middle West et de la *middle class* passeraient devant les défis du monde, avant les autres et en s'en protégeant même physiquement par la construction d'un mur. C'est une définition du populisme que Trump accompagnait d'une simplification vulgaire sur Twitter de la complexité pourtant réelle du monde dans laquelle l'Amérique est plongée. Même si les États-Unis sont la première puissance, ils dépendent comme tout un chacun des autres, sont imbriqués économiquement et même culturellement. Joe Biden a depuis restauré une diplomatie et une gouvernance plus conformes à la tradition américaine. Par son choix de revenir dans l'accord de Paris, il rétablit l'Amérique et son destin dans son lien au monde. La lutte contre le réchauffement climatique peut être un bien pour un nouveau multilatéralisme qui réchauffe les relations entre les peuples et les nations.

La victoire du Brexit, la désignation de Boris Johnson comme Premier ministre britannique en juillet 2019 étaient dans la même veine, même si cela n'a pas la même portée. Les poussées populistes dans le monde remettent à l'ordre du jour les passions malsaines, religieuses, identitaires et militaires. En Inde, au Japon, en Birmanie, en Turquie assurément, en Russie depuis longtemps, et la liste s'allonge.

Faut-il sortir politiquement du populisme et du souverainisme ? Oui, car cette idée qui veut que s'enfermer c'est se protéger est fausse. C'est tout le contraire qui se passera si l'on confond la satisfaction du court terme avec la solution de long terme. Tous les empires en fin d'expansion ont construit des murs, c'est la marque de l'impuissance, pas de la puissance. Dans un monde que la crise sanitaire a frappé, les inégalités se sont creusées à nouveau brutalement au sein des pays développés, mais surtout entre pays développés et en développement. C'est le défi de la solidarité internationale qu'il faut retrouver ; sans cela notre monde développé va pouvoir construire des murs, beaucoup de murs pour finir cloîtré sans avenir, car pendant ce temps la jeunesse de l'humanité est ailleurs. Elle est dans les pays pauvres et la richesse n'est jamais une protection quand on ne partage pas l'espoir avec les générations futures.

Les événements récents entre le Maroc et l'Espagne en disent déjà long sur ce qui risque d'arriver dans les mois et les années à venir.

En conséquence, si le populisme taraude nos peuples, pour y faire face il faut s'affirmer dans le concert des nations, réinventer le multilatéralisme et une vraie politique de coopération à l'échelle mondiale. Cela, comme l'avait dit Dominique Strauss-Khan, par une relance de l'emprunt avec l'émission des droits de tirages spéciaux du FMI qui doivent être utiles en priorité pour les pays en développement. Il faut être, au niveau européen, au service d'une refonte de la politique de voisinage et de coopération.

LA NOUVELLE BIPOLARISATION DU MONDE

On assiste au retour d'une bipolarisation entre l'Occident et l'alliance Chine-Russie, comme au bon vieux temps de Brejnev et de Mao. Cette alliance des deux grandes puissances n'est plus celle du communisme, car l'économie de marché et la mondialisation ont pris l'ascendant pour gagner la bataille. C'est à présent sur la contestation des valeurs démocratiques fondamentales, de la démocratie libérale occidentale que se construit un front nouveau de pays « non alignés », celui de néopouvoirs éclairés par la recherche ou l'acquis de la puissance économique et militaire. L'omniprésence de la Chine est la preuve que le monde a changé et que se profile une nouvelle étape de l'histoire de l'humanité.

Ainsi, on doit réfléchir à une nouvelle diplomatie, à de nouvelles coopérations qui engagent la France et l'Europe avec les États-Unis, si possible dans une action résolue au sein de l'ONU. Cette bipolarisation s'impose au monde et doit questionner l'Occident sur sa ligne stratégique. L'ancien monde va être confronté à une question existentielle sur sa place dans le jeu des puissances et la défense de ses valeurs démocratiques. Que faire face à des modèles politiques qui ont désormais adopté l'économie de marché, la réussite économique, l'accès au bien-être matériel, tout en maintenant des stratégies de puissance sans équilibre démocratique ? La Chine deviendra la première puissance économique du monde en moins de temps qu'il faudra à l'Amérique pour l'accepter. Il faut donc rester lucides et forts sur nos valeurs. Il faut assumer nos intérêts dans une diplomatie de l'affirmation européenne et de développement concerté du respect des règles internationales, d'un multilatéralisme repensé et s'appliquer à développer pour l'Europe une vraie coopération politique, écologique et militaire. Car notre continent a affaire avec la planète entière, sans parler des grands problèmes systémiques et géopolitiques du bassin méditerranéen et de l'Afrique.

Quel ordre mondial va s'installer ? Quelle place va-t-il rester à la démocratie libérale en somme, à l'idée de la liberté de penser, de contester, en dehors du seul bien-être matériel et de la puissance politique et militaire ? Quand je regarde ce qui se passe dans nos vieilles démocraties, qui se fracturent elles aussi en leur sein, je m'inquiète. Le monde se crispe, le Proche et le Moyen-Orient ne sortent pas des grandes confrontations saoudienne, iranienne et israélienne, auxquelles s'ajoute la montée de l'islam politique, c'est-à-dire de la religion comme facteur d'identité face au monde occidental. L'échec de Nasser et du nationalisme arabe avec la défaite de la guerre des Six Jours a trouvé une issue finale avec la chute violente de Saddam Hussein et la fin du parti Baas. Cette double guerre, spécialement la seconde menée par Bush Junior au prétexte fallacieux d'armes de destruction massive, fut vécue comme la dernière grande agression coloniale de l'Occident et de l'Amérique. La France de Jacques Chirac n'y a pas participé mais n'en a tiré aucun bénéfice, le mal était fait et l'engrenage de la déstabilisation et du terrorisme engagé. Cette chute violente a disloqué l'Irak, pays aux multiples confessions, et a déstabilisé l'équilibre de la terreur du monde arabo-perse. Elle ouvrira la porte à l'Iran chiite, à la réaction sunnite, à la création de Daech en Syrie utilisée par Bachar el-Assad pour mater le printemps syrien qui fut puissant et pacifique pendant des semaines. Daech deviendra le bras armé de la terreur, de la gangrène terroriste, de la destruction où même la mort est mise en scène pour être plus atroce encore. La négation de toute l'histoire de la région suivra avec l'abominable destruction de Palmyre. Détruire Palmyre ou les grands bouddhas en Afghanistan, c'est vouloir tuer la valeur de l'universel dans l'humanité, c'est détruire la vie pour instaurer la souffrance et la mort. Face à cette terreur, il ne reste que la force de la liberté pour défendre l'universel, l'incertitude, le doute, et à accepter surtout la tolérance qui est la grandeur des sages et des forts.

Ainsi, cette explosion d'un islam profondément identitaire a des fondements historiques, fruit d'humiliations lourdes et de fractures au sein même de l'islam. Ces fractures ne peuvent en aucun cas construire un avenir, c'est un processus de destruction sans fin, de guerres et de malheurs répétés et sans issue politique, car la haine produit la haine. Le pire aujourd'hui pour certains Occidentaux et certains partis politiques serait de l'accompagner d'une idéologie postcoloniale, identitaire et victimaire ou, autre possibilité, d'un ultranationalisme et de la négation des fautes coloniales qui se nourrit d'un vieux mépris et des vieilles peurs de l'Occident vis-à-vis du monde musulman. C'est la ligne des néomaurrassiens qui ne vivent que par et pour des confrontations identitaires : les Zemmour, Peltier,

Marion Maréchal et Buisson sont les plus identifiées de ses figures. Les deux voies précédentes sont sans issue ; Marine Le Pen reste en retrait par rapport à la seconde, conforme à sa stratégie de dédiabolisation. Comme quoi le mal est bien là.

Face à cette situation, le premier principe, c'est d'affirmer et de défendre nos valeurs laïques, de liberté, d'égalité et de lutte contre la xénophobie, le racisme et l'antisémitisme. De défendre ensuite la démocratie représentative, l'économie de marché, quoi qu'en dise la gauche de la gauche. Car il n'y aurait rien de pire qu'un renoncement à ce que nous sommes, en nous enfermant dans une forme d'excuse qui ne serait qu'une vaine esquive des problèmes. Au contraire, c'est en réaffirmant nos valeurs que l'on doit construire un nouvel internationalisme qui s'appuiera sur une diplomatie plus respectueuse des histoires de chacun, assurant ainsi le développement de tous sans arrière-pensées. Le pic pétrolier est probablement atteint et c'est une occasion à ne pas rater pour penser notre action diplomatique autrement.

En Occident, tous les tenants et les copieurs de la *cancel culture*, de la *woke culture*, de l'intersectionnalité, du postcolonialisme, de l'indigénisme, devraient y penser plutôt que de poursuivre sur la voie de la radicalité, de l'inutile vengeance, du danger de la réparation et de l'excuse à tout prix. Leur quête d'inversion du sens de l'histoire les rend aussi totalitaires que ceux qui ne veulent rien remettre en cause, ne rien discuter ni assumer de responsabilités dans des événements tragiques.

Pour un social-démocrate comme moi, il faut sortir de ces conflits de mémoire pour aller vers la conciliation des mémoires, ce qu'a proposé Benjamin Stora pour l'Algérie, et qu'a repris à son compte le président. Je soutiens pleinement cette ligne. C'est un travail de longue haleine – amorcé avec Jacques Chirac au sujet du rôle de l'État français sous l'Occupation, suivi par Lionel Jospin et les fusillés de Craonne, François Hollande et le discours de Dakar, Macron enfin, avec l'Algérie et une tentative déséquilibrée sur le Rwanda – qu'il faut poursuivre de manière résolue. Cette ligne est aussi et surtout incarnée par la loi Taubira, la reconnaissance de l'esclavage comme crime contre l'humanité qui va de pair avec la célébration de tous ceux qui se sont engagés contre l'esclavage : Schœlcher, l'abbé Grégoire, Condorcet... mais aussi les esclaves qui se sont battus, comme Toussaint Louverture, et son nom est à lui seul un symbole magnifique.

Sur ces sujets, il ne peut pas y avoir d'accommodements, de lâcheté, sauf à ne plus croire en rien et tomber dans un relativisme coupable et dangereux. C'est la seule manière de les aborder : avoir un regard lucide sur notre histoire – ses heures de gloire et ses manquements, ses principes condamnables – est un préalable pour défendre pied à pied les valeurs des Lumières, de Montesquieu, de Tocqueville, de la République tout simplement. C'est un travail patient qui va payer, s'il s'accompagne d'un internationalisme renouvelé et d'une coopération nouvelle entre l'Occident, l'Afrique et l'Orient.

Avec l'assassinat de Samuel Paty, la défense de l'école de la République et de ses enseignants, de l'éducation libérée de tout dogme est un préalable non discutable pour moi. Il ne peut pas avoir y avoir de faiblesse avec l'islam politique et identitaire, comme d'ailleurs avec tous les extrémismes religieux, prosélytes en tout genre qui fleurissent dans le vide idéologique dans lequel nous vivons.

La dérive identitaire d'un syndicat comme l'UNEF, notamment dans l'affaire de Sciences-Po Grenoble, sont des symptômes de plus de la confusion et de la régression de toute une partie de la gauche. Confondre une thérapie de groupe avec une ligne politique est un problème. De même que de ne voir dans le port du voile que la liberté de choix religieux et l'affirmation d'une non-discrimination, c'est nier l'obligation de le porter que subissent, en France et partout dans le monde, les femmes. C'est nier la lutte des femmes pour faire lever cette obligation, c'est nier cette perte de liberté et l'engagement pour l'égalité entre les sexes. Il y a des valeurs universelles, que l'on doit toujours défendre fermement et qu'on ne doit pas confondre avec de faux combats. Une certaine gauche y perd totalement sa légitimité, toute considération et participe de fait au risque de fragiliser encore un peu plus notre démocratie libérale.

Associer dans ce débat crucial l'islamophobie avec la défense de la liberté et de l'égalité pour les discriminés, ce n'est pas défendre les valeurs de la République. C'est pourquoi il faut affirmer que la gauche ce n'est pas cela. Il n'y a pas de fatalité dans notre relation à l'islam, il ne doit y avoir qu'une règle, celle de la République, de la liberté de conscience et celle du respect. La négociation qui a conduit à l'élaboration de la charte pour un islam de France est un pas qu'il va falloir prolonger pour que les Français de confession musulmane aient leur place dans la République. Ils doivent être respectés et je propose à ce titre une relecture de la réflexion entamée avec la commission Stasi.

Il y a de l'espoir mais on ne veut plus le voir tant le terrorisme et l'islam radical et identitaire ne laissent plus de place dans le débat public à autre chose que la confrontation. Pourtant notre pays produit de l'intégration, des mariages mixtes, des réussites individuelles que ce soit dans l'économie, le sport, la culture ou dans la politique. Au fond, il y a une compatibilité entre sa culture d'origine, la pratique de la religion musulmane et l'appropriation de la culture française. C'est cela qu'il faut encourager, sans se décourager, sans perdre confiance dans ceux-là mêmes qu'on doit aider et soutenir. Je note, comme tous les spécialistes, que ce sont les fraîchement convertis, les anciens petits délinquants, les fragiles et enfin les haineux dangereux qui cherchent toujours une raison pour assouvir leur soif de vengeance qui basculent dans le terrorisme. Tout ce monde est manipulé par des idéologues totalitaires, car il ne s'agit que de cela, d'une nouvelle forme de totalitarisme.

Plus sûrement, les printemps arabes l'ont montré, les peuples arabes et musulmans aspirent à de meilleures conditions de vie, à la démocratie et surtout à la liberté. Mais ils doivent faire face à d'énormes difficultés dans la réalisation de cette aspiration profonde et encore difficile à concrétiser. C'est cela qu'il faut régler pour sortir de l'impasse, politique et économique, qui conduit au creusement du fossé avec l'Europe, de l'accroissement de la pauvreté dans laquelle se trouvent les peuples de ces pays, coincés entre des monarchies pétrolières qui affichent leur richesse mais dont la démocratie est absente avec la défense d'un islam souvent sans concession. L'Arabie saoudite, leader du monde sunnite, contre la République islamique d'Iran chiite et ses relais Hamas et Hezbollah, face à Israël dont nous devons défendre le droit à la sécurité, nous enfoncent dans une impasse politique qui est un facteur de plus de l'impossibilité de sortir de la confrontation Occident-Islam.

L'Afrique du Nord bien sûr, mais l'Afrique tout entière est naturellement touchée par cette donne qui ne trouve aujourd'hui d'issue que dans des régimes durs et des économies anémiées. À un moment pourtant, les mouvements des printemps arabes ont été une tentative des peuples pour arracher une sortie digne, c'est-à-dire la sortie de la misère. Il faut poursuivre, aider, coopérer et la France a son rôle à jouer avec l'Europe.

Il n'y a pas d'autres issues ; en particulier si l'on veut maîtriser l'immigration sans tomber dans le gouffre de la xénophobie, des murs. Les images de Ceuta et de cette bénévole de la Croix-Rouge consolant dans ses bras un jeune Sénégalais résume en un cliché toute la détresse et la compassion. Il a suscité en Espagne, comme sûrement ailleurs, la haine ou l'humanité. Il faut toujours choisir l'humanité.

POUR UNE GRANDE POLITIQUE EUROPÉENNE DE COOPÉRATION

C'est le défi majeur pour l'Europe, ce qui doit être la priorité d'une politique extérieure et de coopération au service du développement. La France, par son passé colonial, qui est en soi condamnable, a des liens, partage une langue, ce qui est précieux, elle est ainsi en première ligne, politiquement, culturellement et aussi militairement dans cette bataille. La préservation de ces liens et le renforcement des moyens du développement de ces pays sont la clef d'un équilibre nouveau. On l'obtiendra notamment en profitant du défi climatique pour changer la donne et trouver des champs nouveaux d'investissement dans le progrès de l'Afrique et du Proche et Moyen-Orient.

Je suis pour que l'Europe accompagne les États-Unis de Joe Biden à revenir dans l'accord de Vienne sur le nucléaire iranien. Je suis favorable à ce que l'Iran reprenne ses engagements contre la levée des sanctions économiques. Les discussions ont commencé, elles doivent s'accélérer. Je suis tout à la fois convaincu que l'Europe doit s'autonomiser par rapport aux garanties financières à apporter pour sortir de la tutelle américaine. À partir de là, il faudra relancer un grand processus de négociation sur la paix et la sécurité entre Israël et les Palestiniens. Les événements d'aujourd'hui nous le rappellent d'une manière dramatique et urgente. C'est aussi une clef pour arrêter le jeu meurtrier qui se déroule actuellement dans toute la région, devant nos yeux, et qui donne toujours plus raison aux extrémistes. Aussi, moi qui ai débuté en tant que directeur de cabinet auprès de François Hollande dans le souvenir de Yitzhak Rabin, Shimon Peres et du congrès de l'Internationale socialiste en 1999, j'ai assisté à la poignée de main entre Arafat et Barak. Le temps a passé et, si les extrêmes ont gagné le droit de se haïr, je pense qu'on ne doit pas se résigner car cela ne débouche sur rien d'autre que la souffrance, la haine et la guerre.

À gauche cette problématique s'est une nouvelle fois exprimée, avec confusion, lors de la discussion sur la loi sur le séparatisme, coincée entre l'anticolonialisme, la victimisation de l'islam et la lutte politique qui doit être conduite contre l'islamisme radical et identitaire en France. Jean-Luc Mélenchon, une partie importante des Verts et des socialistes aujourd'hui sans boussole en sont la parfaite incarnation. Dire qu'il n'y aurait qu'une question sociale et pas une question politique ou diplomatique mondiale est une erreur qui, conjuguée à une contestation de l'Europe, affaiblit toute politique d'ampleur. Dans la lutte contre l'islam politique il y a la lutte politique, et nous devons avoir une stratégie inclusive et en mouvement sur nos bases et sur notre terrain, pas sur celles et celui des autres.

Le socialisme démocratique doit refaire le lien entre la politique nationale et la politique internationale de développement et de coopération avec l'Europe, sa force de frappe économique, sa monnaie, ses valeurs et notre culture.

S'il y a aujourd'hui une fin, c'est la victoire à tout le moins de l'économie de marché mais pas de la démocratie libérale qui apparaissaient pourtant liées. Lionel Jospin, Premier ministre au début du mandat, avait même dû préciser en 1999 dans une formule magique : « Oui à l'économie de marché, non à la société de marché. » Les communistes chinois l'avaient trouvée très pertinente, et pour cause, mais elle reste aussi pertinente pour nous si l'on veut bien considérer que dans le « non à la société de marché » il y a d'abord la démocratie et, selon moi, la démocratie représentative et sociale.

Le plus inquiétant, c'est que dans ce retournement de cycle se trouve une coupure de plus en plus profonde entre les élites mondialisées et ceux qui s'inquiètent. Cette brèche s'est développée après la chute du Mur et la fin d'un monde structuré en deux blocs, chacun ayant sa vérité : l'égalité revendiquée comme idéale pour les uns ou la liberté comme drapeau avec la croissance et la réussite matérielle pour les autres. Mais cette donne a complètement changé et la grande question économique pour l'instant a été tranchée. Pour les pays les plus pauvres, la quête d'espoir c'est l'émigration au loin, là où la vie semble la plus supportable. Dans les pays développés, la quête de sens fait chercher des explications pour vaincre le doute et le manque d'espoir. La voie de la spiritualité, du religieux et celle du repli sur soi sont de plus en plus fréquentes. Également, le choix de l'individualisme, du localisme, avec une autonomie qui frise l'autarcie et qui pense que l'individu échapperait à la fin du monde, tout seul bien sûr, quand le reste de l'humanité disparaîtra. La logique des colapsologues de tous les pays c'est « cachons-nous », « enfermons-nous », « coupons-nous du monde » dans un néomillénarisme mortifère et alors que d'autres dans le monde partent au contraire à la conquête de l'humanité. J'invite tous ceux qui veulent comprendre ce qui se passe à écouter la vidéo d'un ancien ministre, Yves Cochet sur Brut, qui explique et pense sa vie sur sept hectares quand le monde s'effondrera.

Je pense le contraire : « relevons-nous », « ouvrons-nous », « coopérons à nouveau », « dialoguons », « construisons ensemble ». Pour régler les problèmes de l'humanité, cela est bien plus intelligent et conforme à l'idée internationaliste qui a toujours été celle des progressistes et de la gauche. Ce qui est sûr, c'est qu'une forte proportion de nos concitoyens est devenue très pessimiste, à juste titre, quant à son sort, celui de ses enfants et supporte de moins en moins les agressions venues de l'extérieur. S'il y a une « lutte des classes » et/ou un mépris de classe, c'est désormais entre la « classe éclairée », ouverte sur le monde, consciente du défi écologique et qui a les moyens d'agir, et la « classe assombrie », qui n'a aucune marge de manœuvre pour agir et exige des solutions politiques rapides et souvent radicales.

Dans cette classe éclairée qui a profité du monde, on trouve les globe-trotteurs du monde de la croissance, les Yann Arthus-Bertrand, les Nicolas Hulot, devenus les pasteurs prédicateurs de l'apocalypse écologique, qui donnent leurs consignes aux autres, ceux qui sont restés scotchés à leur télé, dans leurs petites maisons, leurs petits appartements, qui chassent, prennent l'apéro et jouent au loto, passent du temps sur Facebook, ou pour les plus jeunes sur leurs smartphone en participant aussi à ce qu'il y a de pire sur les réseaux sociaux. Ils et elles sont présumés tous coupables de n'avoir rien compris.

Je propose de changer de regard et de point de vue. De redescendre sur Terre et d'inverser la problématique. Il faut revenir à la question sociale et commencer par comprendre la classe insécurisée plutôt que la juger et ne pas être dans une politique comportementaliste, ou pire, moraliste. Il n'y a que comme ça qu'on va pouvoir réussir la transition vers un autre modèle de développement et de progrès. Dans ce monde-là, il ne suffit pas de rappeler la fin de l'univers, ni que la Covid serait l'avatar de cette société à bannir, comme si aucune grande épidémie n'avait eu lieu auparavant, pour faire accepter l'idée de la sobriété du repli, de la fin du monde capitaliste et de son corollaire, l'économie de marché. C'est même le contraire qui risque de se passer : un cycle d'aventure politique où la classe populaire et moyenne va atteindre la limite du « pouvoir vivre », après une crise qui a vu les difficultés s'accumuler, et qui se tournera logiquement vers des choix extrêmes et radicaux.

LE BREXIT EST UN ÉVÉNEMENT SYMBOLIQUE ET UNE ILLUSION

> « Il n'y a pas de souveraineté dans la solitude. Il n'y a qu'une tromperie envers ce que nous sommes, dans l'oubli de ce que nous avons été et dans la négation de ce que nous pourrions être. »
>
> Mario Draghi, à propos de l'Italie.

C'est ainsi qu'en Grande-Bretagne le Brexit a marqué une rupture totale avec le processus d'intégration européenne qui s'était poursuivi jusque-là malgré des tensions et la poussée continue du souverainisme et des nationalismes. Quand je pense que le Premier ministre britannique est allé jusqu'à évoquer des navires de guerre pour empêcher les autres bateaux de pêche de venir pêcher dans les eaux britanniques, je me dis que la menace et le risque évoqué par François Mitterrand en 1995, « le nationalisme c'est la guerre », ne sont plus virtuels mais bien réels.

Malgré toute la lucidité après la crispation et l'exultation des brexiters, les négociations pour retrouver un partenariat commercial avec la Grande-Bretagne ont semblé s'éterniser, mais elles se sont conclues. Il était plus facile pour les brexiters de promettre la prospérité post-Brexit que de donner corps à un projet hors de l'Europe.

Ainsi, les pêcheurs ont voté de bonne foi pour un Brexit dur, des côtes de la Cornouaille jusqu'à celles d'Écosse, pour constater finalement, non pas la réappropriation totale (sauf pour quelques espèces) de la souveraineté des zones de pêche, mais seulement une diminution graduelle des quotas de pêche européens. Cela pour une raison simple : l'accès au marché européen, la pêche comprise, pesait trop lourd en termes commerciaux et économiques par rapport à une réappropriation totale de la zone de pêche britannique. Je ne blâme pas ces pêcheurs mais ceux qui leur ont menti, alors qu'ils savaient. Ce qui fut encore plus cocasse du côté français fut de voir le Rassemblement national demander lui aussi un accès aux eaux britanniques pour les pêcheurs français ; c'est pourtant en contradiction avec la ligne si souvent affichée par la famille Le Pen du « chacun chez soi et tout ira mieux ». Ceci en dit long sur les contorsions qu'il faut faire quand on se confronte aux réalités économiques des échanges et sur l'interdépendance que cela implique logiquement. Car dans l'histoire des hommes, l'échange et le commerce ont fait beaucoup pour le brassage des cultures du monde. Il y a là, à mes yeux, une leçon qui doit être tirée de cette éprouvante déchirure. Le souverainisme est une illusion s'il ne s'accompagne pas d'une force de frappe et d'un rapport de force à l'échelle mondiale permettant son exercice. Je partage sur ce sujet pleinement l'avis de Michel Barnier.

En effet, s'affranchir de la tutelle de l'Europe pour un pays de 66 millions d'habitants, même si ce pays fut le premier empire du monde, ne pèse rien face aux États-Unis ou à la Chine, à la Russie et sa puissance militaire et, si ce n'est aujourd'hui demain, face à l'inde. Tout est relatif, on pense devenir souverain face à l'Europe mais on devient dépendant des autres puissances. À quoi bon ? Pour exercer notre souveraineté on doit la partager entre nations européennes ; sans cela tout n'est que chimère. La Grande-Bretagne n'imposera aujourd'hui plus aucune norme dans le monde. Ces normes seront américaines, chinoises, et au mieux européennes mais plus britanniques. Quel exercice de souveraineté en tirer ? Aucun.

Je dis donc stop aux envolées lyriques des hommes et femmes de la gauche qui seront, certains pourront le regretter mais trop tard, sans lendemain. Il ne sert à rien de tourner le dos à son histoire et ses valeurs pour tenter de gagner une élection sauf, comme l'avait dit Michel Noir, à y perdre son âme. La réalité du monde impose que chacune des nations défende ses intérêts. C'est un devoir et c'est une ligne politique indispensable, pour la

France mais surtout pour l'Europe dans le monde. C'est ce qu'a fait l'Europe dans la négociation du Brexit, sans se déchirer, sans céder aux coups de menton de Boris Johnson, Premier ministre qui a accompagné les bonimenteurs durant la campagne du non et qui doit maintenant assumer ses responsabilités, et elles sont grandes, dans l'avenir qui se dessine pour son pays.

Le Brexit aura des conséquences géopolitiques, en particulier sur la frontière d'Irlande du Nord, mais aussi avec l'Écosse, qui demande logiquement le même droit à la souveraineté, et pèsera demain sur le devenir même du Royaume-Uni. Ce n'est rien d'autre que la démonstration de l'absurdité de tous les nationalismes quels qu'ils soient. Ainsi, le retour aux frontières qui va avec l'effacement de l'Europe conduit inévitablement à l'exacerbation des passions et des identités malsaines, nationales et religieuses. La souveraineté est une idée toute relative je l'ai dit, elle n'est pas le concept suprême de la liberté des peuples. C'est une notion indissociable du contexte et des contraintes. Certains l'oublient trop pour que cela soit une solution pour l'avenir. Le divorce avec l'accord signé en fin d'année 2020 marque la fin de l'étape de déconstruction. L'Europe est restée unie durant toute cette période, mais c'est maintenant que l'union doit rester ambitieuse. Le plan de relance européen, la mutualisation de l'emprunt, le rôle majeur de la BCE et de l'OCDE pour soutenir la relance et les besoins de financement des États, avec la garantie donnée par l'euro sur l'échiquier mondial, sont les piliers du futur européen et de l'ambition que l'on porte ensemble dans le monde de l'après-Covid.

Je me souviens de cette controverse sur les vaccins qui a été à nouveau l'occasion d'un débat politique accusant Bruxelles d'erreurs dans les achats, d'être la cause des retards et des manques. Chacun encore une fois aurait fait mieux tout seul, comme le montrât Boris Johnson… Dans une compétition généralisée entre les pays européens, il va de soi que chacun peut penser être le gagnant de la compétition sur le dos, au fond, des nombreux pays européens qui n'auraient pas eu la capacité d'en acheter en masse. À ce titre, en réfléchissant un peu, qui auraient été les perdants ? Les plus petits et ceux qui ont le moins d'argent.

La France, seul grand pays qui, avec l'échec cuisant de Sanofi Pasteur, n'a pas trouvé de vaccin en début de période, n'avait pas de sites de production. Elle n'était sûrement pas en position de mieux réussir toute seule que solidairement avec l'ensemble de l'Europe. Dans ce contexte, même si ça a été un peu plus long, miser sur l'Europe a été le meilleur choix pour tout le monde, car notre continent a des mouvements transfrontaliers énormes. Ainsi, avoir mené la vaccination à peu près au même rythme permet de sortir de la pandémie en même temps. C'est un choix solidaire et à ce titre il doit être salué et pas vilipendé, encore une fois, par les éternels perroquets pour qui tout est prétexte à critiquer l'Europe. En revanche, tout doit être fait pour corriger les choses qui ont le moins bien fonctionné afin de déboucher, pour la santé en Europe, sur une politique spécifique incluant surtout la recherche avec un organisme propre, comme ont su le faire les États-Unis.

Je pense qu'être européen aujourd'hui c'est être armé ensemble contre l'inertie du monde, c'est garder la force de peser sur les grandes évolutions dans l'unité, en respectant la diversité de nos nations, leur histoire et la part de souveraineté qui leur revient de droit. Mais c'est en partageant une part de notre souveraineté et en l'assumant ensemble qu'on l'exerce réellement et, je le souhaite, puissamment. L'Europe, je l'ai dit, c'est aussi le continent des valeurs démocratiques. Dans le monde d'aujourd'hui, c'est une identité culturelle à défendre. Je suis un patriote sincère, populaire, pas souverainiste mais européen, pas décroissant mais progressiste, pas « racialiste » mais universaliste, pas nationaliste mais internationaliste.

Comme l'a si bien dit Romain Gary, face au repli nationaliste et à la haine de l'autre, le patriotisme et l'affirmation de soi dans un cadre européen et mondial contribueront plus efficacement, quoi qu'on en dise, à faire face aux défis du monde d'aujourd'hui, cela au plus grand profit des peuples. Cela permettra d'éviter les malheurs, de revivre la violation des droits de l'homme dans un chacun pour soi enfermé derrière des frontières mythifiées mais qui restent, comme l'histoire l'a montré, des remparts percés. Dans ce contexte, la lutte contre le réchauffement climatique apparaît pour la classe insécurisée comme une contrainte de plus, et pas comme un espoir. Là réside la clef de la réussite d'un changement de modèle. Car c'est au nom de cette angoisse réelle du peuple déclassé d'Amérique, mais au profit des plus riches, que Donald Trump a tourné le dos à l'accord de Paris. C'est la même chose pour le Brésil de Jair Bolsonaro : une fuite en avant à la conquête de l'Amazonie au nom de l'emploi des plus modestes.

Que ce soit en Amérique ou au Brésil, l'alliance entre l'élite conservatrice et les couches populaires s'est nouée à travers un nationalisme affirmé avec la fermeture des frontières contre les flux migratoires, un retour au protectionnisme, et en se débarrassant de la question écologique. Ces pays ont levé la contrainte censée peser sur la vie déjà compliquée des gens modestes, scellant l'alliance entre eux et les conservateurs de manière certaine. Dans nos pays, l'absence de perspectives positives à court terme taraude les esprits de ceux qui souffrent. La fin des vieilles industries structurantes, des anciennes organisations sociales, syndicales et politiques laisse chacun face à sa propre destinée sans véritable recours.

J'ai été frappé de voir, pendant la crise sanitaire, chacun de ces populistes minimiser les risques de la pandémie. Elle était un problème pour les autres, et derrière les frontières de leur pays on pouvait s'en moquer jusqu'au jour où le virus, avec le sourire de la mort, venait rappeler la réalité et dire qu'il n'avait que faire des frontières. Notez d'ailleurs que, durant toute la crise, tous les souverainistes, sur les plateaux télé, n'ont cessé de défendre les libertés individuelles contre les mesures sanitaires et les gestes barrières. Toujours le même réflexe de puissance à l'œuvre et l'idée que rien ne peut arriver en toisant, derrière les murs des citadelles, le monde et le virus.

La victoire de Joe Biden a été arrachée à une Amérique profonde qui reste attachée aux idéaux de Donald Trump. Mais avec le nouveau président, c'est le retour au multilatéralisme, à l'idée qu'il y a un monde et une planète et qu'il faut s'en occuper. Même s'il ne faut pas être dupe, cela s'accompagne d'une ligne d'affirmation forte des États-Unis. Aux autres d'être à la hauteur et d'accepter de négocier avec ouverture et fermeté. C'est ce que doit faire l'Europe et, au sein de l'Europe, la France qui reste une puissance politique membre permanent du Conseil de sécurité et deuxième économie du continent. À ce titre, ce qui s'est passé au G7 avec la mise en place d'un impôt minimal sur les entreprises globalisées est un pas essentiel en ce sens. J'ai toujours défendu l'internationalisme mais avec des institutions solides et respectées, des lieux de débats qu'il va falloir réformer et renforcer encore : l'OMS bien sûr, comme l'OMC et bien entendu le Conseil de sécurité de l'ONU qui est le cœur du multilatéralisme.

LE MULTILATÉRALISME : LE CHOIX DE L'HISTOIRE

La France a toujours été un pays et une nation multilatéralistes dans la veine des Talleyrand, Briand, Schuman, Monnet. Une force engagée dans l'influence, la construction du monde et jamais dans le repli sur elle-même. La France cherche toujours la lumière, c'est sa vocation.

Dans ce monde bipolaire, l'Europe et la France doivent faire face aux tensions et aux défis planétaires, et notre pays joue son rôle de bras armé de nos valeurs et de celles de l'Europe, en Afrique, en particulier avec l'intervention au Sahel, mais aussi à travers une présence au Levant. Ces missions doivent être poursuivies et la place militaire et diplomatique de la France confortée. Mais je l'ai dit, dans ce monde qui change, une coopération plus forte des projets d'armement doit se penser à l'échelle européenne. Je salue à ce titre la création d'un consortium européen pour la production du futur avion de combat, qui devrait être suivi d'autres projets communs, en particulier dans le domaine maritime du futur porte-avions. Je suis aussi pour le maintien de la dissuasion nucléaire mais pour la fin de sa composante aérienne. Le budget des armées sera donc stabilisé pour les cinq ans qui viennent et les coopérations militaires appuyées à tous les niveaux avec l'Otan, le G5 Sahel et dans le cadre des opérations de l'ONU.

La phase oubliée de la guerre froide semble renaître avec une nouvelle compétition pour le leadership mondial entre les États-Unis et la Chine. Il faut reprendre la voie du multilatéralisme, qui est la seule trajectoire possible pour rééquilibrer les forces, retrouver de l'intérêt pour la planète et l'humanité. L'accord de Paris en est un bon exemple. Défendu par François Hollande et Laurent Fabius, il a mobilisé toute la diplomatie française pendant trois années et fut une réussite. Je suis frappé de voir comment cette prouesse diplomatique est oubliée et politiquement minorée alors que Paris reste la référence pour les années à venir dans la lutte contre le réchauffement climatique. Le nouveau positionnement de Joe Biden ouvre un retour possible au multilatéralisme, et pour la gauche européenne et française, à l'internationalisme. Cette gauche doit sortir de l'idée du repli comme solution du monde de demain, engagée depuis le tournant de François Mitterrand en 1983. La nouvelle directrice de l'OMC, Ngozi Okonjo-Iweala, est la première femme et première Africaine à être désignée directrice générale. C'est une chance à saisir pour relancer un multilatéralisme dans les échanges et sortir des relations et des accords bilatéraux qui réduisent les défis de la planète, qu'ils soient écologiques, sociaux et géopolitiques, aux seuls intérêts commerciaux de chacun des deux contractants. C'est pourquoi je propose d'intégrer les critères des traités climatiques dans les règles de l'OMC. Il faut sortir cette organisation de la seule logique de la baisse des tarifs douaniers et des aides à la production pour créer une règle positive dite « boîte vraiment verte » qui ouvrira des droits à l'exportation, à condition que soient respectés les engagements des traités, et en premier lieu l'accord de Paris.

De même, les règles de l'Organisation internationale du travail doivent se concrétiser dans une « boîte bleue » pour prendre en compte le progrès social et le respect de ces propres règles.

Dans le monde post-pandémie, la règle doit être celle du moratoire sur les accords commerciaux bilatéraux pour revisiter l'organisation du commerce mondial. C'est au sein de l'OMC que doivent être pensées les nouvelles règles multilatérales.

La pandémie l'a aussi démontré : sans cohérence mondiale ni organisation internationale, les risques sont grands pour chaque pays d'être durement touché et de n'avoir comme seule issue que celle de s'enfermer, ce qui ne peut durer qu'un temps. Cette pandémie mondiale fut une épreuve pour une institution qui, contrairement à ce qu'avait fait Donald Trump, doit être renforcée et non pas affaiblie. L'OMS doit aussi évoluer dans ses méthodes, être plus démocratique, transparente avec des avis réguliers discutés et affirmés en particulier dans la transmission des informations. Dans ce cadre, l'Europe doit être un acteur de coopération sanitaire solide et mieux organisé.

Enfin, il faut aussi une évolution du rôle de l'ONU pour favoriser les avis et les résolutions et qu'elle soit pleinement impliquée au niveau du conseil dans la lutte contre le réchauffement de la planète. Le Conseil de sécurité environnemental qui existe doit être renforcé et l'Europe doit piloter les choix pour assurer la définition des engagements, mais aussi du rôle et de la place de la politique d'atténuation et d'adaptation, la protection et le développement de la biodiversité, la conservation des forêts tropicales en lien avec les négociations commerciales et, enfin et surtout, la politique de développement et de coopération.

Le Quai d'Orsay, le ministère du Multilatéralisme et de la Coopération

Le Quai d'Orsay, après sa formidable mobilisation avec Laurent Fabius pour la COP 21 et la diplomatie économique, doit redevenir le fer de lance d'une diplomatie nouvelle et renforcée. Son rôle et sa place vont s'accroître, ce qui nécessitera un renforcement des forces et des moyens, des relations avec le ministère de l'Environnement. J'ajoute à ces missions la mise en œuvre d'une nouvelle diplomatie culturelle en coopération avec le ministère de la Culture. La coopération et l'échange culturels sont des domaines où la France avec sa langue, son cinéma, sa peinture, sa littérature, la musique et la chanson sous toutes ses formes sont une référence, un poids économique et d'influence mésestimée qu'il faut valoriser. Le rayonnement d'un pays ne s'exprime plus uniquement dans les moulinets souverainistes, bellicistes mais dans la défense de valeurs, dans leur diffusion et l'exigence qu'elles portent de la finesse, du beau et de la création. Le ministre du Quai d'Orsay doit être, comme c'était le cas dans le tandem Hollande-Fabius, ministre d'État et numéro deux du gouvernement. Notre culture s'exporte déjà, elle doit continuer à prospérer avec un budget renforcé et à partager dans le cadre de la francophonie.

L'Afrique du Nord, l'Afrique tout entière sont une formidable source d'inspiration, de création de fraternité, c'est pourquoi le maximum devra être fait pour soutenir toutes les initiatives franco-africaines qui existent et qui doivent se développer dans des échanges avec un rôle de plus à donner à l'Agence française de développement.

« Le Quai », comme on le dit, devra être l'outil du nouveau multilatéralisme à construire et sera épaulé dans la future diplomatie culturelle par le ministère de la Culture et dans la lutte contre l'environnement par un pôle d'actions multilatérales. Cette grande politique s'accompagnera d'une refonte de la politique de développement, du rôle et de la place de l'Agence française de développement. Elle s'appuiera sur la nouvelle politique européenne qui est le levier indispensable de cette grande ambition.

« LA FRANCE EST NOTRE PATRIE,
L'EUROPE EST NOTRE AVENIR. »
FRANÇOIS MITTERRAND

L'Europe après cette double crise provoque le « grand étonnement ». Pour la première fois, probablement depuis sa création, elle a été vue et vécue avec le Brexit comme fragile, mais aussi paradoxalement comme une construction à laquelle en fin de compte on était attaché. Avec l'euro bien sûr, mais aussi dans la crise sanitaire malgré un départ chaotique, l'Europe s'est organisée et si les débuts ont été balbutiants et lents cela s'est avéré payant. Le continent européen est devenu le plus gros producteur de vaccins au monde et doit prendre maintenant sa part, et même plus que sa part, pour en fournir à tous les pays en développement et en particulier à l'Afrique. On ne sortira définitivement de cette crise qu'avec une immunité mondiale.

Cette crise a obligé l'Europe, même si l'Allemagne a traîné des pieds, à emprunter en commun et à concevoir un plan de relance, bien en dessous de celui des États-Unis certes, mais que ne pourra pas se payer le Royaume-Uni. Je l'ai dit, il faut soutenir l'investissement et pour cela il faut que l'Europe soit l'instrument politique de l'avenir par l'investissement, la solidarité et la défense des valeurs démocratiques.

Je pense que paradoxalement la construction européenne a trouvé une « assise » avec la crise, une assise qui touche tous les pays même si certains jouent un double jeu comme la Pologne et la Hongrie, qui s'affranchissent du droit commun tout en profitant au maximum des aides et du grand marché. Les extrêmes droites cultivent le « Je t'aime, moi non plus » mais ont renoncé au fond à sortir de l'Europe et plus certainement de l'euro, car les peuples ne le veulent pas, ne le veulent plus. C'est vrai pour Marine Le Pen en France et aussi depuis peu pour Matteo Salvini, le leader de la droite extrême italienne, qui a été clair sur le sujet après le plan de relance et de soutien à l'Italie. Toutes les extrêmes droites se recentrent maintenant sur les frontières et l'immigration. Question qu'il va falloir traiter en étant conforme à nos valeurs, c'est-à-dire pas comme une course imbécile à la construction de murs, au retour des frontières mais bien plutôt en organisant des relations avec les pays d'émigration, des allers-retours, cela accompagné d'une grande politique de coopération. L'Europe dans sa zone géographique et géopolitique de friction, la Méditerranée et l'Afrique, avec sa monnaie, doit être l'actrice du développement et de la transition énergétique globale, de transferts de technologie et d'une organisation de la recherche Europe, Méditerranée, Afrique avec un Erasmus Afrique-Europe dans trois domaines majeurs pour notre avenir commun, l'énergie, la santé et l'agriculture.

À l'est et vis-à-vis de la Russie, la politique doit être celle de la fermeté et de la main tendue. Pas question de céder sur les modifications des frontières voulues par la Russie ni de flancher sur les valeurs démocratiques ou d'accepter ce qui s'est passé avec la Biélorussie récemment. Les sanctions doivent être prises chaque fois que c'est nécessaire tout en poursuivant le dialogue dans les cadres adaptés et au niveau européen et national.

La monnaie enfin, je l'ai dit, est une affaire de confiance et le paradoxe pour ceux qui critiquent souvent l'Allemagne, c'est que l'orthodoxie germanique donne aux peuples européens et à ceux du Sud un outil monétaire, non pas de souveraineté comme le rêvent les nationalistes, mais d'assurance-vie du quotidien et du futur.

C'est une magnifique fenêtre politique pour commencer une nouvelle aventure qui, pour moi, doit se concentrer dans les cinq ans sur la zone euro. C'est une force attractive au sein de l'Europe et surtout dans le monde. Elle doit s'appuyer sur deux piliers : un conseil politique des finances et une commission spécifique au Parlement européen pour renforcer le contrôle démocratique et assurer un lien fort avec la BCE en y associant les présidents des commissions des finances de chaque parlement national. Le nouveau pacte à construire autour de cette idée, en partageant ce bien commun avec une ambition politique commune, impose de trouver un compromis entre l'expansion de la dépense publique et la garantie d'éviter les dérapages qui remettraient en cause la solidité de l'édifice monétaire.

Nous sommes Français, mais nous avons l'euro, vous êtes Italiens mais vous avez l'euro, vous êtes Allemand et vous avez l'euro bien sûr, et je ne remercierai jamais assez François Mitterrand et Helmut Kohl, main dans la main, de nous avoir emmenés dans cette construction commune. Dans ce choix, la BCE est une institution majeure et les réformes engagées par Christine Lagarde, en particulier concernant le rôle de la BCE dans la transition écologique, sont un encouragement pour aider à changer les règles bancaires de manière plus globale. L'Europe doit passer en douceur d'une politique monétaire vers une grande politique budgétaire. C'est ce qui a été fait, avec le choix de la France et surtout de l'Allemagne, de lancer pour la première fois un plan de relance de 750 milliards.

Comme toujours à gauche les souverainistes, tels Jean-Luc Mélenchon ou Arnaud Montebourg, et certains écologistes ont hurlé contre l'insuffisance du plan, sans mesurer le pas historique franchi à cette occasion, obsédés qu'ils sont par un aveuglement anti-européen inutile et surtout incompréhensible. Pour aller vers une politique budgétaire pérenne, favorable à l'économie réelle, il est indispensable d'avoir une politique de relance européenne. C'est la voie qu'il faut suivre, l'Europe peut et doit le faire avec le premier plan de relance qui devra être complété par un deuxième plan combinant prêts et subventions pour 500 milliards de plus, et atteindre ainsi l'équivalent de la création monétaire pendant la crise. Cela doit être l'objectif.

C'est là que cela coince avec les tenants de la dépense, les « dépensophiles » comme les avait appelés Laurent Fabius. Il faut être corrects avec nos partenaires européens frugaux mais aussi envers nous, tout simplement. Accepter d'être sérieux dans la gestion budgétaire, ce n'est pas devenir frugal ou défenseur du régime sec budgétaire. Le pacte budgétaire avec la crise est caduc. Niveau de déficit et niveau d'endettement sont dépassés partout et ne sont plus applicables. Renégocier consiste à prévoir effectivement une politique budgétaire d'investissement et de croissance pour administrer la dette européenne en douceur en consacrant une part de la reprise au remboursement de celle-ci avec une règle simple sans objectifs chiffrés. La croissance de la dépense publique doit être inférieure à la croissance économique à trois ans. Point. Pour l'Allemagne, cela doit aussi signifier l'obligation de ne pas accumuler d'excédents budgétaires, mais de participer à sa relance nationale et donc à celle de l'Europe. Cette nouvelle politique écokeynésienne doit aussi être alimentée par une recette pour être pérennisée.

LA TAXE SUR LES TRANSACTIONS FINANCIÈRES

La bataille doit être menée sereinement pour aboutir à une taxe sur les transactions financières adaptée à la situation et capable de rapporter, avec un taux faible et une base large, une recette dont a besoin le budget européen pour financer la transition énergétique, la recherche, l'éducation et enfin la politique de développement, en particulier vers l'Afrique et le Moyen-Orient. D'ailleurs, nous étions arrivés avec Michel Sapin pas loin d'un accord sur une taxe sur les flux financiers en 2015, dans le cadre d'une coopération renforcée réunissant onze pays européens. Il faut repartir de là dès la présidence française début 2022. Les facilités d'emprunts, compte tenu de la création monétaire pour acheter et spéculer, doivent contribuer à l'abondement du budget européen pour investir plus et changer notre modèle de production. D'ailleurs, le résultat de la taxe française sur les flux financiers a connu un record de recettes en 2020. Ce résultat a été obtenu malgré la réduction de l'assiette par Emmanuel Macron en 2018 sur laquelle il faudra revenir et sans que le CAC 40 soit pénalisé dans son évolution. Il a aujourd'hui atteint son niveau de 2007 à plus de 6 000 points.

De plus, l'Europe après le Brexit a récupéré une part importante de l'activité de Londres et la place financière d'Amsterdam est devenue, peut-être momentanément, la place numéro un devant Londres, Francfort et Paris. C'est la meilleure manière de limiter l'effet siphon que j'évoquais en début d'ouvrage pour récupérer par une ressource financière les liquidités émises par la BCE afin d'investir dans la politique budgétaire européenne au plus grand profit du continent dans son ensemble.

Cela serait plus clair que la taxe carbone aux frontières, même si le système des quotas carbone miroirs est nouveau et plus intéressant qu'une simple taxe. Mais ce système devrait se négocier à l'échelle mondiale dans le cadre d'une OMC renouvelée.

Je n'oublie pas la piste d'une taxe sur les GAFAM qui depuis l'accord du G7 a perdu de son intérêt en englobant toutes les entreprises. Les activités commerciales numériques paieront aussi des impôts sur leurs profits comme toutes les autres entreprises, d'autant plus qu'elles sont celles qui ont bénéficié le plus de la crise. Une fois de plus, Joe Biden est à la pointe de cette bataille et propose même une réflexion sur un impôt minimum sur les sociétés à l'échelle de l'OCDE. C'est un projet nécessaire et stimulant pour lutter en même temps contre les paradis fiscaux. Cette offre américaine doit être l'occasion pour l'Europe de discuter avec le président démocrate de la question de l'équilibre dette-monnaie entre l'euro et le dollar pour éviter les risques de crise financière et construire une meilleure coordination des politiques. Il faut un nouveau pacte transatlantique et en profiter pour maîtriser les évolutions des cryptomonnaies, le bitcoin et toutes les autres, qui deviennent des valeurs refuges.

La seconde négociation doit être engagée sur la question du droit de la concurrence européen qui n'a plus beaucoup de sens, car il a été conçu bien avant la globalisation et l'arrivée de géants mondiaux qui se moquent de la concurrence intra-européenne. Ainsi, pour prendre l'exemple de l'électricité, on peut accepter des quasi-monopoles dans les secteurs lourds qui ont des rendements financiers faibles. Car l'argument sur les bénéfices aux consommateurs de la baisse des prix liée à la concurrence, lorsqu'elle ne se vérifie pas, ne devrait imposer aucune règle de libéralisation. C'est pourquoi je m'oppose à l'éclatement en trois structures d'EDF.

En résumé, l'envolée des marchés financiers ces dernières années, de même que celle du bitcoin, est la preuve d'une spéculation déconnectée de l'économie réelle, biberonnée aux liquidités monétaires. C'est une situation risquée, dangereuse et surtout injuste. Les inégalités de patrimoine sont en train de se creuser de manière insensée, et à terme explosives. Les 1 % des plus riches détiennent 20 % de la richesse ; les 10 % les plus pauvres n'ont pas plus de 1 %. Aristote le disait il y a bien longtemps, les inégalités lorsqu'elles deviennent insupportables sont la source de conflits et de guerres civiles. La présidence française de l'Europe début 2022 devrait être offensive sur ces sujets et ne pas se contenter de ce qui a été mis sur la table aujourd'hui par le président Emmanuel Macron, totalement centré sur la question des quotas carbone.

Partie IV

LES GRANDS PROGRAMMES POUR LA FRANCE DURABLE

Au-delà de la place majeure que joue et que jouera notre nation dans l'Europe et le monde, il faut lancer le projet de la France durable. Je propose trois grandes orientations fondamentales : la République et ses institutions, la politique sociale, les principes républicains – réussir, éduquer, prévenir. Cette France durable doit être celle des grandes priorités, c'est-à-dire, en dehors de la transition écologique : la démocratie, le social avec l'éducation, la santé, la culture et le sport, et enfin la sécurité et la justice.

LA RÉPUBLIQUE ET SES INSTITUTIONS

> « Pour faire de grandes choses, il ne faut pas être un si grand génie, il ne faut pas être au-dessus des hommes ; il faut être avec eux. »
>
> Montesquieu

La démocratie est un bien précieux à préserver dans ce contexte de crise qui provoque et provoquera des tensions, de la radicalisation, de la victimisation. Je pense depuis longtemps que l'affaiblissement continu des politiques par les politiques eux-mêmes est un facteur de ce double jeu. Une population qui doute et rejette tout le système, et des politiques qui pensent que l'habileté consiste à flatter l'idée que ce ne sont plus eux les décideurs mais les citoyens, sont des signes de déliquescence de la démocratie. L'idée que chacun peut penser avoir le peuple pour lui alors qu'il n'en a que la part qu'il est capable de convaincre électoralement, c'est la démocratie. Le choix du tout participatif, des conventions citoyennes chargées de décider seules après un tirage au sort sont des dérives symptomatiques du malaise ambiant. La France insoumise pense même que le peuple, une partie en tout cas, peut être convoqué, non pas pour voter mais pour juger et révoquer les élus comme au bon vieux temps de la Révolution. C'est une remise en cause perpétuelle de la démocratie représentative qui est le malaise français, depuis longtemps et qui nous conduit au bord de la rupture démocratique.

Le président de la République lui-même, c'est-à-dire Jupiter, poussé par de bons conseillers a convoqué la convention citoyenne. Il avait accepté de transcrire sans modification les propositions de la convention au

Parlement avant de se dédire. Drôle de manière d'organiser un débat ou plutôt de considérer qu'un cénacle fermé de citoyens tirés au sort, comme des jurés de justice, aurait tout pouvoir pour faire des choix pourtant complexes, difficiles impliquant une multitude d'interconnexions, nécessitant un grand débat démocratique. C'est la limite de toutes ces initiatives, louables mais le plus souvent hypocrites. Je n'aime pas ça, il faut revenir à des bases plus saines.

Garder l'homogénéité de la société, tout en acceptant son hétérogénéité, c'est le défi des démocraties, c'est l'art aussi de la politique, des limites qu'il faut mettre aux aspirations à la liberté tout en les repoussant sans cesse avec de nouveaux droits. Donc attention ! Il faut accepter de rééquilibrer les choses, mais sans remettre en cause les fondements de la démocratie représentative.

Les institutions politiques. Renforcer, démocratiser

Notre pays est malade de ses institutions contestées – politiques, justice, Parlement, présidence de la République – qui se trouvent engagées dans une phase dangereuse et risquée de basculement dans l'inconnu, dans la violence. Tout est fait pour déstabiliser les institutions : la justice contestée à chaque jugement, la police et les policiers accusés d'être racistes et violents et qui subissent la violence tous les jours, les élus de moins en moins respectés et souvent même agressés, jusqu'au président de la République lui-même. Il faut absolument réhabiliter les institutions, réaffirmer la démocratie représentative et sociale, les corps intermédiaires et toutes les médiations à tous les niveaux. Rien ne résiste, même les militaires se mettent à contester le fonctionnement républicain. Ils en appellent à la manière forte pour régler les problèmes accréditant, comme d'ailleurs le président lui-même et son ministre de l'Intérieur, qu'il y a des guerres internes à mener, ce qui est la pire des manières de s'exprimer dans le contexte actuel. Il faut rééquilibrer les pouvoirs, redonner de la force et de la nuance aux débats et sortir de la confrontation actuelle : elle est catastrophique.

Premièrement, il faudra dès le début du quinquennat lancer une convention parlementaire de l'Assemblée nationale et du Sénat pour réfléchir aux institutions afin de repenser les équilibres de notre Cinquième République. C'est le rôle du Parlement de le faire et d'ouvrir un débat national conclu avec un référendum.

Trois grandes pistes doivent être ouvertes : le renforcement des pouvoirs de contrôle du Parlement, l'acte III de la décentralisation et la rénovation du dialogue social.

L'équilibre entre l'exécutif et le législatif : structurer une élection présidentielle à un seul tour ; organiser un pouvoir présidentiel clair en supprimant le Premier ministre et en renforçant le pouvoir du Parlement, seul législateur, avec des élections législatives en cours de mandat présidentiel. Ce sont quelques pistes pour lancer le débat.

Un acte III de la décentralisation pour les collectivités locales avec de grands principes. Premier principe : l'arrêt de la perte de l'autonomie fiscale des collectivités locales et la sortie du pacte de Cahors. La décentralisation est d'abord une question d'autonomie de décision et de capacité financière. L'une ne va pas sans l'autre, et il s'agira d'avoir une part de cette autonomie liée à des bases fiscales dynamiques pour stimuler les progrès territoriaux. Deuxième principe : poser la base de nouvelles compétences qui doivent prendre en compte les choix de la France durable, à savoir l'énergie, la santé et dans une part à redéfinir, j'y viendrai, l'éducation. Troisième principe : s'inscrire dans une nouvelle contractualisation avec l'État sur les grands objectifs du pays à partager. La négociation des contrats de plan État-Région devra faire l'objet d'une finalisation pour début 2023 et lancer la relance durable de l'économique française.

Les compétences ont évolué sans le dire et dans des domaines cruciaux, comme le transport bien sûr mais surtout la santé et l'énergie. Il faut bien fixer les lignes de force pour chaque niveau, en particulier dans ces domaines stratégiques. Régions et agglomérations auront à décider et à partager les grands choix énergétiques avec les investissements à engager. Par contre, la santé doit être une des clefs de la relation entre métropoles, intercommunalités et départements.

La démocratie sociale et l'innovation. Cela doit conduire à réviser l'organisation du dialogue social aujourd'hui en France. Je propose de relancer le travail qui fut engagé il y a cinq ans, pour revoir la structure et le nombre des branches professionnelles, de créer des conseils stratégiques de branches à parité patronat/syndicat et de travailler avec les universités pour piloter la mutation industrielle sociale et énergétique. Chacun des conseils stratégiques industriels, commerciaux, agricoles et de services doit avoir un contrat régional avec la recherche universitaire et avec chaque territoire, afin d'innover et de créer un formidable élan pour penser collectivement l'avenir.

Un conseil national, lieu d'agrégation stratégique des conseils de branches régionaux, devrait permettre une émulation dans l'esprit de la deuxième gauche et du commissariat général du plan *versus* les Trente Glorieuses, car il s'agit de porter la même ambition de transformation de notre modèle de développement. On ne peut pas en rester à un « plan B » comme Bayrou, même si j'ai beaucoup de respect pour lui, car le plan c'est l'affaire de tous les acteurs sociaux.

Une nouvelle organisation du plan doit, je le pense, conduire à changer et à engager une transformation de l'actuel Conseil économique et social et des conseils économiques régionaux. C'est l'occasion de modifier la donne et la place du dialogue social et des partenaires sociaux. C'est le troisième chantier qu'il faut ouvrir, et celui-là avec les partenaires sociaux, dès le début du quinquennat, en y ajoutant une question sur la représentativité syndicale dans les conseils d'administration des sociétés dans le but de la renforcer.

LA POLITIQUE SOCIALE AVEC UN INVESTISSEMENT DE 20 MILLIARDS

Cette « croissance sûre » est aussi une croissance utile pour les plus modestes. Les gains directs liés à l'efficacité énergétique devront être complétés sur cinq ans pour les ménages par une part de croissance investie dans un panier patrimonial partagé entre l'éducation, la santé, la culture et les prestations sociales, le RSA, la prime d'activité renommée prime du travail, les allocations logement. C'est une contribution nécessaire à l'équilibre général entre croissance supplémentaire et solidarité. Cela doit nous conduire à une dépense de 20 milliards d'euros sur cinq ans. Ce n'est rien de plus que ce qu'a dépensé Emmanuel Macron sur son quinquennat avec la suppression de l'impôt sur la fortune et le prélèvement forfaitaire unique.

Cette dépense devra lancer une négociation avec les partenaires sociaux lors d'une grande conférence sociale de début de mandat en mettant sur la table des pistes et des mesures : coup de pouce de 2 % sur le Smic, hausse de la prime du travail de 20 % sur le mandat et de 10 % ensuite pour la revalorisation de la prime de rentrée scolaire pour les ménages les plus en difficulté.

Pour les retraites, il s'agira d'abandonner la réforme du gouvernement, mais de poursuivre sur la voie de la réforme Touraine d'allongement de la durée de cotisation, qui est la seule manière d'être juste et de tenir compte des carrières longues. D'autre part, il faut revisiter et remobiliser une part du fonds retraite créé sous Jospin et confisqué depuis, mais qui doit assurer le passage le plus difficile pour l'équilibre du système. Il faudra surtout reprendre la discussion interrompue et renvoyée sans appel par Emmanuel Macron sur la question de la pénibilité. Cela afin que des secteurs non attractifs puissent trouver des candidats, ce qui est plus que jamais nécessaire dans certains domaines de l'industrie et des services. Le départ dans ces secteurs avec quarante années de cotisation est sans risque pour les comptes du régime général. Au contraire, en favorisant ces emplois, on lutte contre le travail dissimulé et on fait entrer des cotisations supplémentaires.

La jeunesse est notre avenir

Je propose la mise en place d'un élargissement des bourses étudiantes en passant de 25 % d'étudiants boursiers à 50 % et dans le même temps la mise en place d'une prime pour étudiants et apprentis (couverture maladie universelle étudiante) qui sera débloquée pour les 18 à 25 ans en formation. D'autre part, je propose aussi de lancer une grande réflexion pour la mise en œuvre d'une année sabbatique pour les jeunes en fin de cycle de formation, quel que soit le niveau de l'apprentissage jusqu'au master pour mener une expérience de leur choix en France ou à l'étranger avec une généralisation du service civique, le volontariat à l'étranger librement choisi et financé. La jeunesse aura besoin de liberté, de découverte, de construction individuelle mais surtout collective, d'échange, de rêve, et spécialement après une crise qui l'a particulièrement touchée.

Je suis d'autre part favorable au prolongement des mesure Pass culture et Pass sport pour les jeunes, reprenant ainsi la formule de Regis Juanico et Jean-Jacques Lozach, car il est nécessaire de développer toutes les activités de lien social et de construction collective et individuelle. En même temps il s'agit de soutenir le monde du sport et de la culture. Dans ces deux secteurs, on devra revenir aux emplois aidés avec les collectivités locales pour permettre d'encourager et de garantir l'activité de nombreuses associations sportives et culturelles indispensables à la vie et à l'encadrement, en particulier dans les quartiers politiques de la ville.

Mais cette politique ne doit pas se faire, comme c'est le cas à gauche, dans une générosité sans objectif avec le RSA jeune ou, comme le propose Boris Vallaud, avec un « minimum jeunesse », à l'instar du minimum vieillesse. Drôle d'idée ! La jeunesse mérite mieux et plus. L'un des outils qui compteront, c'est le développement de la garantie jeune de manière universelle avec de la mixité entre proches et éloignés du travail. Cela pour une vraie politique de garantie de formation et de préparation aux métiers d'avenir et à l'avenir tout court dans le cadre de cohortes qui créent du lien interpersonnel.

La santé, le cœur du pacte de solidarité

La santé va être, à n'en pas douter, le sujet principal de l'après-crise. Des enseignements majeurs devront être tirés pour avancer dans la prise en compte des grandes questions : effectifs, place de l'hôpital public, place de la relation public-privé, évolution indispensable de la médecine libérale pour faire face aux déserts médicaux, évolution défavorable de la démographie médicale... Je propose au début du quinquennat des assises de la santé et de la médecine pour fixer le cadre nouveau de l'organisation des soins, de la structure de la médecine libérale, des équilibres nouveaux à construire entre hôpital public et cliniques privées. À cela, j'ajouterai la création de 30 000 postes dans l'hôpital public ainsi que l'augmentation du nombre de lits pour l'hôpital en relation avec les collectivités locales dans le cadre de l'acte III de la décentralisation.

Viser le développement de nouvelles plateformes semi-privées semi-publiques doit se faire dans les grands domaines de la chirurgie, cardio, gastro, et aussi du cancer, car dans de tels domaines de santé publique il ne peut plus y avoir de concurrence pure. Dans ma ville du Mans, le nouveau centre de cancérologie est un exemple probant de construction à la croisée de l'hôpital public et des cliniques privées, validant cette démarche qui doit se développer là où la démographie médicale est problématique. De même, l'organisation territoriale de la santé devra privilégier les gains en temps médical que l'on doit faire partout pour pallier le manque de médecins, développer les coopérations et les complémentarités entre tous les acteurs de la santé, médecins, pharmaciens et infirmiers et les autres professionnels. Un investissement massif est à faire dans les nouvelles technologies, en particulier l'intelligence artificielle, la e-santé, le suivi médical à domicile et la télé-médecine. Cette réorganisation générale doit s'accompagner d'un effort dans la formation pour changer la donne des études de médecine, par trop sélectives, dentaire et infirmier, développer la formation des infirmiers en gestes médicaux avancés, créer des passerelles pour combler les manques et organiser les prises en charge des différentes pathologies et des diagnostics précoces dans tous les territoires en désertification médicale. La réorganisation de l'approche médicale du gain en temps médical est le cœur de la stratégie que l'on devra poursuivre et c'est un préalable avant toutes mesures plus contraignantes, en particulier la limitation de l'installation dans les zones déjà bien pourvues en présence médicale.

Logement : construire une grande politique durable

La politique du logement combine vision sociale, emplois et enjeux environnementaux et peut redistribuer plus de 20 milliards de pouvoir d'achat sur cinq ans spécialement dans le logement social. C'est un enjeu prioritaire pour le prochain quinquennat.

La loi Elan est un échec en matière de construction et d'équilibre territorial avec la suppression du dispositif Pinel et du prêt à taux zéro. Inventer une conception des territoires en zones tendues et non tendues dénature le soutien public en le concentrant sur des zones où l'activité immobilière est extrêmement forte, au détriment des zones où justement il faudrait la soutenir pour mieux équilibrer le territoire. Conséquence : plus on avance, plus les zones tendues se tendent et les prix du foncier flambent, excluant de fait les constructions de logements sociaux ce qui remet mécaniquement en cause la loi Solidarité et renouvellement urbain.

Le constat au bout de cinq ans est brutal, avec une chute massive de la construction en France et une difficulté toujours plus grande à faire appliquer la loi SRU. Cet échec est la conséquence de la loi Elan et des lois de finances qui l'ont accompagnée avec la mise en œuvre de ponctions sur les loyers des bailleurs sociaux pour compenser la baisse des APL. En conséquence, leurs recettes pour financer la construction se sont réduites, remettant en cause les programmes de construction. Pour compenser ces pertes, l'idée très libérale était qu'une partie de leur parc pouvait être vendue pour réinvestir. Le résultat est clair, c'est un échec complet.

La première étape est donc de revoir le dispositif Pinel pour développer une politique de construction qui sorte de cette absurde dichotomie entre zones tendues et non tendues avec un nouveau « plan de programmation pour le logement » qui s'appliquera sur tous les territoires de la même manière. Le niveau de défiscalisation par logement devra être réduit mais accessible à tous, avec un plan bonifié au logement de qualité, bas carbone dans la construction.

La seconde étape rejoint bien sûr le grand programme national d'isolation du parc de logements sociaux et privés, qui est un enjeu prioritaire dans la lutte contre le réchauffement climatique et la qualité du logement.

Ces deux grandes politiques doivent agir comme des relais efficaces du plan de relance avec une implication plus résolue de la Banque des territoires et de l'action logement pour des apports en haut de bilan aux bailleurs sociaux dans les plans de construction et de réhabilitation. De même, il y aura une réévaluation des plafonds pour les aides de l'Anah (Agence nationale de l'habitat) dans le parc privé. Pour mener à bien ce changement, il va falloir revenir sur le plafonnement des loyers avec un contrat de construction des bailleurs sociaux en contrepartie de la hausse équivalente des APL, avec des locataires qui bénéficieront en plus des baisses de charges liées à l'isolation des logements. Aujourd'hui, c'est plus de 13 milliards d'euros de gains en pouvoir d'achat qui ont été réalisés grâce à l'isolation et des centaines de milliers de tonnes de carbone économisées. L'objectif est de redistribuer plus de 20 milliards d'euros de pouvoir d'achat. Cette dynamique, il faut la poursuivre, l'amplifier pour développer l'offre de logement, assurer la baisse des charges et des émissions de carbone et distribuer du pouvoir d'achat.

Toute cette politique se bâtira avec les collectivités locales, communes, intercommunalités et va nécessiter des réorganisations profondes de l'organisation du dialogue entre collectivités locales, bailleurs sociaux, banques des territoires et État.

LA RÉPUBLIQUE ET LES PRINCIPES RÉPUBLICAINS : RÉUSSIR, ÉDUQUER, PRÉVENIR

Je suis certain d'une chose, la lutte, je l'ai dit, va être celle de la reconstitution des liens interpersonnels, de la fraternité en favorisant l'intercommunautarisme, l'interculturalisme et dans cette lutte, l'école bien sûr a une place prépondérante. C'est aussi avec une confrontation des mémoires utiles et conciliantes qu'il faut poursuivre le rapport nouveau à construire pour sortir de la victimisation et de la radicalisation qu'une certaine gauche encourage, au nom d'amalgames oiseux et dangereux dans la logique de la vengeance et *in fine* de la violence. Il faut revenir à une politique de soin éducatif sur toutes les plaies qui existent dans la France d'aujourd'hui, sur ce regard d'une histoire biaisée entre perdants et gagnants, pour faire de l'histoire à l'école un enjeu de cohérence républicaine. Mais cette cohérence républicaine à reconquérir va nécessiter une politique globale liant politique de la ville, du rural avec les collectivités en cohérence et sans rupture entre la politique du logement, de l'emploi, de l'éducation et de l'accès partout à l'exercice de la culture et du sport.

La poursuite de la lutte pour l'égalité homme-femme, de la lutte contre les violences, engagée depuis six ans, est au cœur de l'équilibre républicain. Toute cette politique devra être renforcée dans la continuité pour lutter contre toutes les violences, protéger les femmes et les minorités sexuelles.

Le plan de programmation pour la réussite éducative

L'école de la République est le creuset de la citoyenneté, des valeurs et de l'apprentissage des règles de la vie en commun, mais l'école ne peut pas être seule dans cette bataille. Une coopération active avec tous les acteurs qui concourent au vivre-ensemble est nécessaire. En effet, l'Éducation nationale ne peut pas assumer toutes les responsabilités, seulement s'inscrire dans un grand plan éducatif capable de mobiliser et de coordonner ses moyens et ceux des collectivités locales. Premier point, il faut garantir l'augmentation des salaires dans l'Éducation nationale et aller jusqu'au bout du dédoublement des classes en réseau d'éducation prioritaire.

Il faudra enclencher un processus nouveau de réduction du nombre d'élèves dans les écoles et collèges qui connaissent des difficultés au brevet, avec des classes au maximum de vingt élèves dans tous les quartiers de la politique de la ville. Cet objectif doit s'accompagner d'un autre processus pour réduire les inégalités qui ne cessent de s'accroître entre les meilleurs et les plus mauvais élèves. La France continue de régresser dans les classements, de perdre des places au sein de l'OCDE. Ce n'est plus acceptable sauf à considérer que le déclassement de notre pays au sein des grandes nations du monde ne pose pas de problème. Cette lutte contre le décrochage scolaire nécessite de repenser en partie notre organisation générale et de décentraliser pour mieux organiser l'éducation au plus près des besoins, dans une logique d'écosystèmes éducatifs avec au centre les écoles, les collèges, les équipes enseignantes, les parents, les communes et les départements. Il faut donner la priorité à l'école et au collège dans le prochain quinquennat.

Dans les pays de l'OCDE, je le rappelle, le temps des élèves en classe est en moyenne de 180 jours par an alors qu'en France il n'est que de 140 jours avec une semaine de quatre jours et des vacances longues. Deux réformes devront être engagées simultanément. La première visera à renforcer et à étendre la politique des cités éducatives, qui trouve sa source avec la loi Lamy de 2014 et surtout les propositions de Grigny suite à l'abandon du plan Borloo par le président de la République (qui avait eu d'ailleurs à cette occasion une formule malheureuse sur les mâles blancs). C'est la condition pour mettre en synergie l'Éducation nationale, le rôle et les moyens des collectivités locales. Avec un objectif : favoriser, développer les activités pédagogiques avec une autonomie dans la contractualisation avec les chefs d'établissements et les collectivités locales pour des projets communs, adaptés aux territoires et complémentaires entre les programmes de l'Éducation nationale et les activités périscolaires. L'objectif est de lutter contre le décrochage et l'échec scolaire ensemble, par un pacte éducatif local intégrant l'actuel plan de réussite éducative avec l'école publique.

Pour compléter cette politique, il faut allonger le temps en classe des élèves dans les zones des cités éducatives avec un retour, négocié avec les collectivités, vers les quatre jours et demi en privilégiant le samedi matin. Il faudra maintenir le rythme actuel des vacances entre la Toussaint, les fêtes de Noël, les vacances de février et de Pâques, mais revoir l'organisation du temps de fin de scolarité. Et ceci en particulier pour les lycées, car le contrôle continu pour le bac doit permettre de mieux ajuster cette nouvelle organisation du temps scolaire.

La sécurité et la justice : fermeté, sanction, prévention

Dans ces domaines, plus que dans d'autres, il faut garder de la mesure tant la surenchère est facile et dangereuse. C'est celle de la droite et de l'extrême droite, et leur penchant naturel pour le muscle et le poing, en oubliant la prévention, le dialogue, la dissuasion. On se souvient tous de Nicolas Sarkozy et de sa fameuse formule du « Kärcher », de la mise au rebut sans aucune forme de procès de la police de proximité : « Les policiers n'ont pas à jouer au foot avec les délinquants. » Cette dernière affirmation n'a pas été sans conséquence dans l'accentuation de la rupture entre les jeunes et les policiers. Cette politique de droite n'a pas donné de résultats, loin de là. Il n'y a qu'à regarder où nous en sommes, et le pire c'est que l'on va repartir sur la même ligne avec la droite, et bien sûr le Rassemblement national. Aucune leçon n'aura donc été tirée de toute cette politique et de toute cette période : on continue à durcir et légiférer à chaque événement, comme si la loi modifiée perpétuellement était la condition de l'action. Alors que la loi est le cadre qui fixe l'action et qu'il vaut mieux éviter de la triturer tout le temps, justement pour pouvoir agir dans la continuité et la cohérence.

La première phase devra prendre le temps, sans remettre en cause les mesures engagées, d'un grand débat national d'évaluation et de compréhension de la situation, de la montée de la violence en France aujourd'hui. Ce débat national qui devra mobiliser des chercheurs, des sociologues et des professionnels de la justice, de la police et de la gendarmerie devra déboucher sur un rapport et un vote à l'Assemblée nationale et au Sénat pour adopter un diagnostic chiffré et, autant que faire se peut, consensuel, pour avancer en sortant des questions biaisées et mal posées.

À force d'oublier la politique de prévention et le rôle du secteur associatif, à quoi s'ajoute l'absence de la police dans ces secteurs, on se prive de moyens d'agir efficacement. Surtout, on a isolé la police des autres acteurs en la laissant seule face à l'ultime violence, celle de l'intervention en domaine public et privé. Il faut repenser, avec l'augmentation des moyens et du nombre de policiers et de gendarmes, la politique de sécurité et revenir à une logique de « front de sécurité » qui intègre tous les acteurs, la justice en premier, les collectivités avec les polices municipales chargées de plus en plus de la police du quotidien, les associations, l'éducation, les parents.

Mais pour cela la gauche doit sortir de l'indécision sur la question de la sécurité, trouver sa propre doctrine et ne pas donner l'impression d'être dans un flou incompréhensible pour nos concitoyens. Depuis Jospin, Vaillant et Chevènement, une doctrine s'était pourtant construite et les ministres de l'Intérieur sous Hollande – Manuel Valls et Bernard Cazeneuve – n'y ont pas dérogé. Pas de mésestimation de la menace et de confusion avec le sentiment d'insécurité, pas de flou sur l'interprétation des situations d'insécurité, elles sont réelles. Pas non plus d'aversion pour l'ordre, la fermeté, voire la police tout court. Et manifester – qui est un droit absolu – ne peut pas justifier les violences et les dégradations de ceux qui manifestent. À ne pas le dénoncer, toute une partie de la gauche est prise au piège quand certains des manifestants s'attaquent aussi à la CGT. Il y a une perte de crédibilité difficilement rattrapable ensuite lorsqu'il faut faire respecter un minimum d'ordre.

Les derniers débats sur les violences policières ont donné corps, là encore pour une partie de la gauche, à l'idée simple que la police était violente voire raciste par construction ou qu'elle le serait devenue sous la pression du gouvernement, ce qui revient en définitive au même. Quand on aspire aux responsabilités pour gouverner, il ne peut pas y avoir de doute sur une institution comme la police, mais des choix à faire sur la conception de la politique de sécurité. Car sinon le doute change de camp et il devient celui des concitoyens qui ne le comprennent pas et qui se détournent de ceux qui semblent accréditer l'idée qu'il n'y aurait qu'un problème : celui de l'action des forces de l'ordre.

Le sommet de cette confusion générale aura été la manifestation en soutien aux policiers décédés dans l'exercice de leurs fonctions et qui bascula dans la mise en cause d'une autre institution, la justice, par des syndicats de police et tous les présents. La droite dans son jeu de rôle avec la surenchère habituelle, le RN qui n'a pas besoin de parler tant il a déjà dit, et la gauche perdue, comme d'ailleurs le ministre de l'Intérieur qui, tout en soutenant ses troupes, n'avait pas à participer à un tel rassemblement… tout cela résume la confusion qui préside au débat public aujourd'hui. Porter le fer contre la justice, c'est fragiliser toutes les institutions d'une République qui est déjà malade d'une contestation générale du cadre républicain.

Je ne pense rien de cela et il faut revenir à une ligne claire, celle qui a été suivie par Bernard Cazeneuve. Fermeté dans les principes, exercice de l'autorité et en même temps compréhension, prévention, dialogue et moyens donnés pour gérer l'action quotidienne. Il s'agit aussi de refuser les anathèmes et la radicalité contre la police, sans pour autant laisser penser qu'il n'y a pas des actions ou des actes policiers qui peuvent être dénoncés et sanctionnés. Une évolution du contrôle avec un débat ouvert sur une réforme de l'IGPN est souhaitable pour y introduire, tout simplement, des acteurs professionnels extérieurs à la police.

D'autre part, toute action dans ce domaine nécessite aussi qu'un accent particulier soit mis dans le secteur de la formation des policiers et gendarmes. Enfin, il faut conforter les actions quotidiennes d'une police et d'une gendarmerie en lien avec les polices municipales partout sur le territoire, avec un pilotage dans les conseils communaux et intercommunaux de sécurité.

Mais je propose comme d'autres de changer la donne sur un sujet, le plus lourd, et d'en tirer des conclusions, contrairement à ce que peut dire le ministre de l'Intérieur sur l'échec de la lutte contre les trafics de drogue. Le trafic a des conséquences en matière sociale et nécessite des moyens pour garantir l'interdit, qui sont énormes et sans résultat. L'économie souterraine et la transgression des lois dans les quartiers ou partout dans nos villes se sont structurées. La consommation de drogue continue d'augmenter et signe l'échec de la prohibition. Vouloir faire la guerre au trafic, c'est oublier un peu vite que si ce trafic existe, c'est parce qu'il y a des usagers qui, quelquefois, ne sont pas les derniers à demander de la sécurité dans nos villes, mais qui consomment allègrement et régulièrement de la drogue tant et si bien que le ministre de l'Intérieur lui-même a proposé de « contraventionner » la consommation. Aveu que le problème est aujourd'hui reconnu et même accepté. Tous les jours des milliers de Français fument un « joint » et achètent leur « came » dans les rues, sur les parkings, les cages d'escalier de nos villes, avec des « chouffeurs » de plus en plus jeunes au coin de chaque rue, nécessitant un besoin énorme de contrôle qui mobilise des forces et des moyens considérables pour arrêter, ou plus sûrement pour limiter le trafic. Ce qui est plus grave à l'arrivée, c'est le développement depuis vingt ans de drogues plus dures, de trafic plus juteux et plus dangereux pour l'équilibre de nos sociétés et la santé de nos populations. Ainsi la consommation massive de la cocaïne et d'autres produits plus ou moins frelatés, l'arrivée récente du protoxyde d'azote qui touche les jeunes et qui a été interdit à juste titre, toutes ces drogues continuent leur progression. On ne peut pas en rester là et surtout laisser penser, sans y croire, que la guerre engagée contre le trafic sera victorieuse si l'on ne prend pas en compte en même temps la consommation et les consommateurs qui génèrent le trafic, s'en accommodent et renvoient sur l'espace public les nuisances et les problèmes de sécurité.

Je propose d'ouvrir, à la suite et sur la base de la commission d'enquête parlementaire « transpartisane », un débat sur la légalisation du cannabis dans des conditions à définir. Cela pour sortir de l'illégalité et du trafic une grande partie de la jeunesse de nos quartiers, tout en l'accompagnant d'une politique de prévention pour lutter contre la consommation. À ceux qui diront doctement qu'il suffit de faire de la prévention, je répondrai :

« Comment peut-on faire de la prévention pour une consommation interdite par la loi, sauf à être, là encore, dans la duplicité ? »

D'autant que si la politique de lutte contre le tabagisme a été efficace, ce n'est pas principalement par les messages de prévention ou la peur, mais par la maîtrise par l'État du prix des paquets. Dans le trafic de drogue, on est dans une économie totalement libérale régie par la loi du plus fort et du marché, de l'offre et de la demande. Ce n'est plus tenable ni sensé de continuer sur cette ligne si l'on veut agir sur la sécurité, sur le repositionnement de la légalité dans des zones où elle s'échappe, s'efface même, et si l'on veut lutter contre des addictions.

La justice

> « La police sans la justice c'est le totalitarisme, la justice sans la police c'est l'impuissance. »
>
> Éric Dupond-Moretti

La justice pour exercer sa responsabilité doit être aidée et on doit poursuivre l'augmentation des moyens, engagée sous Hollande et continuée par Dupond-Moretti, en juges et en greffiers. Mais pour sortir du débat sans issue de l'alourdissement des peines à chaque événement, il nous faut revenir au principe évoqué par

Alain Bauer : il ne sert à rien d'allonger les peines qui sont déjà lourdes et justifiées pour les crimes les plus graves, en particulier ceux qui portent atteinte à la vie de personnes dépositaires de la loi. En revanche, il faut raccourcir les délais d'exécution, en particulier pour les petits délits qui polluent la vie et laissent la police sans réponses, sauf celle humiliante de retrouver les contrevenants le lendemain dans la rue. Ce serait plus intelligent et plus efficace, à la condition d'y mettre des moyens, d'avoir des comparutions immédiates pour mineurs avec peine de TIG ou de centres fermés avec le suivi d'un centre de « vigilance mineurs » départemental réunissant tous les acteurs concernés (élus, maires, police, gendarmerie, PJJ) sous la responsabilité du préfet et du procureur. Il peut y avoir des évolutions à propos des peines, mais que chaque événement et chaque drame deviennent une occasion de légiférer est une spirale politique dangereuse, spécialement dans ce domaine qui demande de la constance et des moyens. D'ailleurs légiférer en laissant penser que la loi est la seule chose qui régit la vie est un aveu de faiblesse et mesure l'étendue du malaise qui s'est installé dans notre pays vis-à-vis des institutions de la République. Je reprendrai aussi la proposition des premiers magistrats du siège de convoquer des assises qui seraient intégrées au grand débat sur la sécurité et la justice. Évoqué précédemment, il arrive aujourd'hui pour le président de la République sous la pression de l'actualité et à des fins électoralistes à la veille de la présidentielle, ce qui le rend caduc avant d'avoir commencé.

Immigration : maîtrise et humanité

Cette ligne générale de mesure et d'équilibre est aussi celle que l'on doit suivre dans le domaine de l'immigration, dont nous avons besoin et contre laquelle la phobie entretenue par le Rassemblement national et maintenant par la droite est contraire à toute notre histoire, et procède d'un aveuglement insensé face à l'intégration des millions d'immigrés qui font la France d'aujourd'hui. Fermeté dans l'application des règles de séjour, mais rapidité dans le même temps de la délivrance ou non des cartes de séjour, humanité dans l'accueil et efficacité dans l'organisation des retours : voilà la ligne qui doit être suivie sans faille et sans trembler devant la montée de la xénophobie ou devant les tenants de la générosité absolue qui, au nom de l'idéal humaniste, refusent de prendre en compte les risques d'une immigration sans limites pour la cohésion sociale.

En début de quinquennat, la voie suivie sera celle d'une régulation accélérée des demandes faites depuis 2021 pour des personnes résidant sans problème depuis cinq ans sur le territoire et ayant une insertion par le travail assurée. Il y a une réalité et des efforts à faire pour assurer des emplois non pourvus aujourd'hui et participer, comme cela a toujours été le cas avec l'immigration en France, à la reconstruction après la crise et à la reprise économique. Le travail est un facteur clef de l'intégration et s'il y a du travail, il doit y avoir reconnaissance.

Mais la politique de maîtrise des flux d'immigration est indispensable. La clarté est de ne pas flancher dans la fermeté qui doit s'appliquer pour ceux qui agissent contrairement aux lois et qui doivent être jugés et renvoyés avec des accords d'extradition négociés avec les pays d'origine. L'hospitalité et le droit d'asile sont des principes intangibles, dont la fermeté est la réciproque.

C'est un engagement que l'on doit à chacun de nos concitoyens dans ce domaine sensible et qui devra s'accompagner d'une politique cohérente à l'échelle européenne avec le renforcement de Frontex et une réévaluation complète du règlement Dublin.

Mais en ce qui concerne l'immigration, il y a une histoire française qu'on ne peut pas, comme certains maurrassiens modernes, tordre en imaginant une France éternelle, qui prendrait sa source au mont Gerbier-de-Jonc et nulle part ailleurs. Non la France, je le répète, est un arbre qui a des racines partout dans le monde. C'est comme ça depuis la nuit des temps, comme on dit.

Conclusion

LA FRANCE DURABLE

J'ai la certitude qu'après cette crise, qui va sans nul doute renforcer les idées malsaines, il faut reprendre un dialogue sincère, sans donner de leçons et en arrêtant d'agiter continuellement les peurs, tels les Diafoirus masqués du quotidien de la crise sanitaire. Il faut sortir du bain millénariste et malthusien dans lequel on nous plonge et qui devient de plus en plus insupportable, irrespirable, voire politiquement irresponsable.

De la raison, de la mesure, mais de l'ambition et de l'espoir, voilà ce qu'il faut partager avec tous les Français et les Françaises : ceux qui n'y croient plus, les couches populaires ou moyennes et les jeunes qui sont l'avenir, la continuité de notre destin sur Terre, de l'humanité.

La gauche, plus occupée par sa quête d'alliance que de trancher les grandes questions politiques qui taraudent le pays, ne peut pas répondre aux couches insécurisées particulièrement concernées et ne les comprend pas dans leur appréhension du monde, de l'économie de marché, de l'écologie, enfermée dans de vieux schémas usés. La gauche se perd et le pays se « droitise ». Les résultats électoraux sont là pour le prouver, c'est un échec cuisant et sans appel. Ce qui me peine le plus est de voir que le Parti socialiste, celui de Jaurès, Blum, Mitterrand, Jospin, Hollande et tous les autres, est tombé si bas. Se lancer dans un congrès sans objet, c'est foncer tête baissée dans le gouffre de l'oubli. Qu'est-ce qui s'est donc passé pour en arriver là ? Comment peut-on avoir été et vouloir disparaître ainsi dans les limbes d'une gauche qui elle-même est incomprise et perd pied, sauf quand elle est portée localement par des sortants qui maintiennent la flamme par une action quotidienne efficace et reconnue ? Mais avec moins de 30 % aux élections nationales, la gauche est condamnée à être facultative et à apporter au mieux son soutien aux autres pour faire barrage au Rassemblement national. Ce n'est pas la vocation de la gauche dans une démocratie que d'être le strapontin sur lequel on s'assoit quand est en retard d'un monde.

Mais tant qu'au Parti socialiste ceux qui pensent que cette situation leur profitera, au nom d'un saut générationnel, tiendront les rênes, sans rien proposer de nouveau, rien ne changera. Si Anne Hidalgo et Olivier Faure, qui sont alliés, et d'autres n'évoluent pas, nous en resterons là, sur la même pente… et elle est descendante.

Je me dis que dans un tel contexte il faut porter une voix, au risque d'être inaudible au début. Il y aura une refondation de la gauche, j'en suis sûr, car notre démocratie ne peut vivre dans une situation pareille avec une fracture sociale entre sécurisés et insécurisés, entre élite et base populaire, entre peur et réussite. Il faut revenir à un débat entre conservatisme et progressisme, entre la part nécessaire à garder et celle qui doit s'ouvrir à l'avenir et changer, entre ceux qui ont acquis et ceux qui veulent acquérir. Je lance avec cet essai une analyse, une piste sociale-démocrate affirmée, une réflexion sur le monde et la France à un moment où, contrairement à ce que certains peuvent dire, rien n'est encore joué. L'automne, malgré la reprise ou plutôt à cause de la reprise, va être une période cruciale et incertaine. Que va-t-il se passer ? Personne ne le sait, mais je crains que le climat social après la décompression de la fin des confinements ne laisse la place à la dépression. Cette période va être un indicateur de la suite politique et du déroulement de la présidentielle. Le débat ne doit pas se tenir au sein du parti mais devant les Français et il devra se trancher d'une manière ou d'une autre à la fin de l'année dans un processus à définir.

J'ai une longue expérience d'élu de terrain, de ministre, une grande connaissance de la France, un âge raisonnable (le même d'ailleurs que celui d'Anne Hidalgo) et cela me donne une légitimité. J'entends assumer pleinement mon rôle pour préparer cette présidentielle.

La France vient de traverser, comme le monde, l'Occident et l'Europe, une crise sanitaire d'une ampleur sans précédent. C'est une période sans équivalent depuis la Seconde Guerre mondiale. Si le monde a déjà changé de nombreuses fois, s'est fracturé en deux, puis est devenu éclaté et multipolaire, aujourd'hui on assiste à un déplacement de son centre de gravité vers la zone Asie-Pacifique, avec la Chine comme nouvelle puissance géopolitique mondiale. C'est le paradoxe de cette période, que la Chine, après avoir été l'épicentre et l'origine de l'épidémie, sorte renforcée de cette épreuve mondiale par rapport aux zones Europe et États-Unis, toutes deux durement impactées : comment rééquilibrer les choses sans renoncer aux valeurs universelles ?

Jean Jaurès écrivait : « Le courage, c'est de chercher la vérité et de la dire ; c'est de ne pas subir la loi du mensonge triomphant qui passe et de ne pas faire écho, de notre âme, de notre bouche et de nos mains aux applaudissements imbéciles et aux huées fanatiques. Le courage c'est d'aller à l'idéal et de comprendre le réel. » Cette phrase résonne plus que jamais. Chercher la vérité contre les évidences, les colères, les doutes, les huées fanatiques est un destin noble et une responsabilité exigeante. Cette responsabilité doit nous amener à discuter du diagnostic politique et des grandes lignes de propositions aujourd'hui plus que jamais auparavant.

Table des matières

Photocomposition Nord Compo

Achevé d'imprimer en août 2021
par CPI BRODARD & TAUPIN (72200 La Flèche)
pour le compte des Éditions Calmann-Lévy
21, rue du Montparnasse, 75006 Paris

PAPIER À BASE DE
FIBRES CERTIFIÉES

CALMANN LEVY s'engage
pour l'environnement en réduisant
l'empreinte carbone de ses livres.
Celle de cet exemplaire est de :
650 g éq. CO_2
Rendez-vous sur
www.calmann-levy-durable.fr

N° d'éditeur : 8320972/01
N° d'imprimeur : 3044726
Dépôt légal : septembre 2021
Imprimé en France.